NO PONGAS UN PUNTO DONDE DIOS PUSO UNA COMA

SHIVA RYU

NO PONGAS UN PUNTO DONDE DIOS PUSO UNA COMA

Historias de sabiduría para momentos de adversidad

DIANA

Obra editada en colaboración con Editorial Planeta – España
Título original: 좋은지 나쁜지 누가 아는가
Good or Bad, Who Knows?

Shiva Ryu

Bajo el sello editorial DIANA M.R.
Avenida Presidente Masarik núm. 111,
Piso 2, Polanco V Sección, Miguel Hidalgo
C.P. 11560, Ciudad de México
www.planetadelibros.com.mx

Primera edición impresa en España: marzo de 2022
ISBN: 978-84-18118-96-8

Primera edición en formato epub en México: marzo de 2023
ISBN: 978-607-07-9823-8

Primera edición impresa en México: marzo de 2023
ISBN: 978-607-07-9822-1

Impreso en los talleres de Litográfica Ingramex, S.A. de C.V.
Centeno núm. 162-1, colonia Granjas Esmeralda, Ciudad de México
Impreso en México – *Printed in Mexico*

ÍNDICE

3

4

5

6

PRÓLOGO

Autor de tu propia vida

El monte Kailash, en la meseta tibetana, es un lugar de peregrinaje para varias religiones. Según la tradición, en su imponente cima cubierta de nieve habita el dios Shiva, que pasa gran parte de su tiempo meditando y ocupado con sus ejercicios ascéticos, por lo que no sorprende que su esposa, Parvati, esté constantemente muerta de frío y aburrida.

Un día que ya no soportaba más aquella situación, Parvati le pidió a su esposo:

—Por favor, cuéntame una historia emocionante.

—Por supuesto, con mucho gusto, si es lo que deseas —contestó Shiva.

—Pero quiero que sea una historia muy especial, que solo esté concebida para mí. Una completamente nueva que nadie en el mundo haya escuchado jamás —le pidió ella.

Shiva asintió con la cabeza y comenzó a contar una historia emocionante y rica en enseñanzas que encantó a Parvati. Tan pronto como su esposo concluyó su relato, le rogó que le contara otro.

Entonces Shiva le contó otra historia, y otra, y otra... porque Parvati era insaciable, y solo dejó de hablar cuando los párpados de ella se volvieron pesados y finalmente se durmió.

Pero Parvati no había sido la única que lo había estado escuchando. Uno de los sirvientes de Shiva, que justo había llegado para entregar un mensaje a su señor, se detuvo frente a la puerta. La primera historia lo había cautivado de tal manera que no había podido resistir la tentación de seguir escuchando. Con la oreja pegada a la puerta, las había escuchado todas.

Después de aquello, el sirviente se apresuró a volver a su casa, y durante toda la noche estuvo contando todas aquellas interesantes historias a su mujer fingiendo que las había inventado él.

A la mañana siguiente, la mujer del sirviente, que a su vez estaba al servicio de Parvati, mientras le peinaba el cabello a su ama, quiso complacerla y comenzó a contarle una de las historias que había escuchado de su marido la noche anterior.

Apenas pronunció las primeras frases, Parvati se levantó y corrió hacia Shiva furiosa:

—¿No me prometiste que me contarías historias que nadie en el mundo había escuchado?

—Sí, te lo prometí, y cumplí mi promesa —respondió Shiva muy sorprendido.

—Entonces, ¿cómo es que mi sirvienta las conoce?

Al instante, Shiva llamó a aquella mujer y le pidió explicaciones:

—¿A quién le has escuchado tú contar esas historias?

—A mi marido —logró decir entre tartamudeos.

Inmediatamente hicieron llamar a su marido, que, con las rodillas temblándole como un flan, acabó confesando:

—En efecto, anoche tenía que entregarle un mensaje, pero de repente me detuve delante de la puerta y escuché su historia. No era mi intención, de ninguna manera, escuchar a escondidas, pero encontré la primera historia tan increíblemente interesante que no pude evitar seguir escuchando las demás hasta el final.

Entonces Shiva, ya algo más apaciguado, ordenó a su sirviente:

—Si esto es así, has de bajar del monte Kailash al mundo y contarle a la gente todas y cada una de las historias que has escuchado. ¡Y que no se te ocurra nunca volver a esta montaña!

Así que el sirviente fue desterrado del templo en lo alto del Himalaya y desde entonces vaga por el mundo para contarle a la gente sus historias.

En mi opinión, los escritores son personas que comparten el destino del sirviente de Shiva. Son narradores que constantemente tienen que crear nuevas e interesantes historias, repletas de un sentido profundo y concebidas para mostrar el camino hacia la iluminación. Y deben asegurarse de que sus lectores quieran adentrarse en un segundo relato después del primero.

Cada uno de nosotros es autor de su propia vida. Solo nosotros mismos podemos saber qué historia está escribiendo nuestra vida, qué sentido tiene y si es lo suficientemente emocionante como para pasar a la siguiente página.

Después del ensayo *Los pájaros no miran hacia atrás cuando vuelan*, les presento este nuevo libro. ¡Que disfruten de la lectura!

SHIVA RYU

1

Si queremos construir nuestra vida sobre la seguridad y la certidumbre, hemos elegido el planeta equivocado. Mientras nos aferremos a la seguridad, la vida nos empujará por un precipicio. Cuando una ola del destino nos derriba, es hora de empezar de nuevo. La pérdida y la despedida siempre tienen un sentido. Dios escribe derecho con renglones torcidos.

El necio que se detiene bajo la lluvia

Cuando cursaba el último semestre de mis estudios, un amigo me habló de un hospedaje muy barato en una comunidad religiosa en las afueras de la provincia de Gyeonggi. Lo alquilé sin pensarlo dos veces. Era un departamento muy pequeño, de una sola habitación, en una casa adosada en ruinas, pero el brillo del sol entraba de forma muy agradable en la estancia y además podía cerrar la puerta y estar solo. También había un camino, no muy lejos de allí, que conducía a un río, algo que para mí, como estudiante de Literatura, era como un regalo caído del cielo. Por las noches me dedicaba a escribir poesía y durante el día salía a pasear por los alrededores en lugar de asistir a las clases de la universidad.

Desafortunadamente, mi suerte no duró mucho. Empecé a despertar desconfianza entre mis vecinos. Para ellos yo era un extraño de pelo largo que, incluso en verano, iba envuelto en un abrigo negro (en el departamento hacía frío), deambulaba por sus campos sagrados y, además, murmuraba para sí mismo como un loco (recitaba poemas). Finalmente, una mañana temprano, varias personas se presentaron en mi departamento sin previo aviso y entraron sin quitarse los zapatos, como si mi hogar no fuera sagrado ni inviolable, y me exigieron que abandonara la comunidad inmediatamente.

Yo les expliqué con educación que había pagado por adelantado el alquiler de unos meses y que, por ello, tenía derecho a permanecer allí. Prácticamente suplicando les expresé mi intención de quedarme el mayor tiempo posible porque me gustaba mucho ese lugar, y les confesé que era poeta. Pero aquello no hizo más que empeorar enormemente mi situación. Estaban tan enojados que no entendieron *shiin* ('poeta' en coreano, sino *shin* ('Dios').

—¡Es el diablo! —gritaron—, ¡fuera de aquí! ¡Ahora!

Una mujer incluso señaló el cielo con el dedo y a gritos me dijo que temiera la ira de Dios.

La palabra «diablo» se me clavó como un cuchillo en el corazón. Durante el tiempo que habían durado mis estudios apenas había escrito unos pocos poemas, que además eran difíciles de entender. Y ahora tenía que dejar mi departamento sin recuperar siquiera el dinero del alquiler pagado de antemano, tal vez unos centavos para algunos, pero que para mí suponía una fortuna. Aquella gente se quedó allí con los brazos cruzados y no me quitó la mirada hasta que desaparecí por la puerta de entrada de la comunidad. No me veían a mí, sino al extraño que había aparecido entre ellos sin previa invitación. Sin embargo, me sentí repudiado por todo el mundo.

Pero Dios no se había olvidado por completo de mí. De repente, sin hogar y sin la más mínima idea sobre dónde iba a quedarme, me puse a caminar por un camino de tierra. Allí me encontré a un compañero de estudios de mi grupo de teatro que vivía cerca. Verme tan temprano deambular con un montón de libros y una manta militar doblada le pareció algo sospechoso al principio. Mi aspecto no encajaba en absoluto en aquel maravilloso paisaje. Pero después de saber en qué situación me encontraba y de ver en mí evidentes signos de agotamiento, me llevó con él a su casa y me ofreció un vaso de agua con miel. Después preguntó a los vecinos si alguien me podía dar hospedaje.

Gracias a él logré alquilar un cobertizo de almacenamiento en medio de un campo de hortalizas en la orilla del río. Allí me sentía a salvo, porque por un lado estaba lo suficientemente lejos de la aldea como para no temer que me volvieran a echar y, por el otro, tenía un amigo cerca que, cuando lo necesitaba, me daba un vaso de agua con miel. No tenía ningún motivo para quejarme, excepto por la falta de electricidad en la cabaña, de modo que tenía que conformarme con la luz de las velas. Por la noche me dedicaba a observar el juego de la llama y a escribir poemas, y durante el día salía a dar largos paseos recitando obras de Arthur Rimbaud o Stéphane Mallarmé.

Se acercaba la época de los monzones de verano, y un día unas nubes oscuras cargadas de lluvia cubrieron el cielo sobre el tejado de la caseta del cobertizo y comenzó a tronar. Al principio pensé que se trataba de una amenaza que quedaría en nada. Pero por la noche, el cielo abrió todas sus compuertas. La lluvia azotaba desde todas partes y me impedía considerar la idea de dormir. Bien entrada la noche, muerto de miedo, salí a la puerta. El aguacero había provocado la crecida del río y el nivel del agua no paraba de subir. Parecía como si el campo de hortalizas, junto con el cobertizo, fueran a ser engullidos en cualquier instante. Aún no había amanecido y estaba todo oscuro, pero el agua brillaba y formaba una espuma tan terrible que me asusté y sentí temor.

Todo esto estaba sucediendo en un momento de mi vida en el que, de todos modos, el suelo se tambaleaba bajo mis pies.

Estaba a las puertas de obtener mi título universitario, pero lo que vendría después me parecía el mayor desafío al que me había enfrentado jamás. No tenía ninguna meta de futuro. Y ahora me encontraba junto a este río embravecido que amenazaba con arrastrarme.

¡Mi situación era desesperada! El pánico se adueñó de mí. Pero solamente yo podía acudir en mi propia ayuda y liberarme de mi miedo. Allí, delante de aquel viejo cobertizo, al ver el agua cada vez más cerca, de repente pensé: «¡Soy un poeta!».

Al instante, me pareció que todo aquello que estaba pasando a mi alrededor era algo que debía experimentar para poder escribir sobre ello. Eso despertó mis deseos de vivir.

¿Hay algo más apropiado para un poeta que escribir poemas un día de tormenta y lluvia a la luz de las velas? Estar solo como la una en la orilla de aquel río desatado una noche negra como el azabache y correr el riesgo de agarrar una pulmonía, plantarme allí bajo la lluvia, ¡eso me pasó por ser poeta! En su libro *El gozo de escribir*, Natalie Goldberg afirma que una persona normal, durante un aguacero, abre el paraguas o huye con un periódico encima de la cabeza hacia un lugar seco; solo el escritor es lo suficientemente estúpido como para plantarse bajo la lluvia. En lugar de buscar refugio u ocuparse de encontrar a tiempo algún lugar para resguardarse, observa fascinado las estampas que crean las gotas al caer en los charcos. Así es como atrapa sus momentos estelares.

Como aquella noche me quedé solo en la orilla del río, que seguía creciendo, y sentía que el suelo se tambaleaba bajo mis pies, decidí que a partir de entonces no huiría. Tomé la decisión de que las gotas de lluvia me golpearan una y otra vez en la frente para estar a la altura de mi vocación de escritor. La inquietud y la soledad se convertirían a partir de ahora en adjetivos y adverbios en mis poemas. En ese instante me sentí realmente como el dios de mi pequeño mundo.

En *El Alquimista*, de Paulo Coelho, Santiago se opone al deseo de su padre de convertirse en sacerdote. Se convierte en pastor de ovejas y sale en busca del tesoro que había visto en sus sueños. Sin embargo, en Tánger, Marruecos, es estafado y pierde todo el dinero que había obtenido por sus ovejas. En ese mercado, en esa tierra extraña para él, se encuentra totalmente desamparado, furioso y desesperado. ¡Se lo habían quitado todo!

Sin embargo, en un momento determinado, cambia de perspectiva y ya no se ve a sí mismo como la víctima de un estafador. Él es un aventurero que está de paso y sabe que si quiere encontrar su tesoro, algo así forma parte de su experiencia. De modo que recupera el valor y las ganas de viajar, sale fortalecido de esta situación y afronta el presente con valentía en vez de sentirse decepcionado.

A veces, la vida nos depara cosas mucho peores que un estafador. En esos momentos nos sentimos como un alma que ha aterrizado forzosamente en otro planeta y que no sabe adónde dirigirse. Santiago envidia el viento, que puede moverse libremente por todas partes, y de repente se da cuenta de que nada lo detendrá en su aventura.

Si amamos nuestra vocación, amamos el mundo. Aquella noche bajo la lluvia, recité poemas con todo mi corazón. Y me di cuenta de que no soy el tipo que no sabe adónde ir ni el demonio que ha sido ahuyentado por un puñado de creyentes. Soy poeta. Las gotas de lluvia que me golpeaban en la cara, las ráfagas que provocaban el baile de las hojas del maíz, incluso la cera que goteaba en el alféizar de la ventana; todo eso, de repente, me parecía una bendición. Y de la misma manera fui consciente de que un momento como ese, lleno de poesía, no se le presenta a todo el mundo.

Eso es lo que la vida me quería decir. Lo que experimenté esa noche me afectó mucho. Dondequiera que esté, pase lo que pase, solo tengo que recordar que soy poeta y que puedo enfrentarme a todo lo que se cruce en mi camino. Aquel fue un momento que me regaló mi vida. Gracias a él puedo escribir y he conservado hasta hoy el sentido de la verdadera belleza y del valor de la existencia.

Un pájaro vuela aunque no sepa dónde se posará

Después de la muerte de su marido, una mujer crio sola a su hija. Cuando esta se hizo mayor, no encontraba trabajo, y como la madre estaba demasiado enferma para ganar dinero, tuvo que empezar a vender todo lo que tenía. Solo se quedó con una pieza: un collar de oro con un zafiro que había heredado de la familia de su marido. Pero, por muy importante que fuera para ella, llegó el día en que tuvo que separarse de él.

Así que le dijo a su hija que lo llevara al mejor joyero de la ciudad. El hombre lo examinó cuidadosamente y le preguntó a la joven por qué quería venderlo, y entonces ella le contó las dificultades económicas por las que estaban pasando.

El joyero negó con la cabeza y dijo:

—Ahora mismo el precio del oro está muy bajo, no es un buen momento para vender tu collar. Sería mejor que esperaran.

Le prestó algo de dinero y le dijo que volviera al día siguiente, que podría empezar como empleada temporal en la joyería y ganar algo de dinero para poder cuidar de sí misma y de su madre.

Así es como la joven empezó a trabajar en la joyería. Entre otras cosas, aprendió a tasar el valor de las joyas. El joyero estaba contento, solo con ver a la joven se le dibujaba una sonrisa en la cara.

Un día le dijo:

—Como bien sabes, el precio del oro ha subido mucho últimamente. Habla con tu madre. Ahora sería un buen momento para vender el collar con el zafiro.

Al terminar su jornada, la joven se fue a casa y le trasladó el mensaje a su madre. Por supuesto, observó más de cerca el collar antes de llevárselo a la joyería. Y se percató de que solo estaba bañado en oro y de que el zafiro tenía pequeñas grietas, así que era de mala calidad.

—¿Por qué no has traído el collar? —le preguntó el joyero a la mañana siguiente.

—No tendría sentido. Me ha enseñado a examinar joyas, así que una sola mirada ha sido suficiente para saber que carece de valor. ¿Por qué no me lo dijo antes? Estoy segura de que se dio cuenta de ello.

—¿Me habrías creído en aquel momento si te hubiera dicho eso? —le preguntó el joyero—. Probablemente habrías desconfiado de mí y hubieras sospechado que quería aprovecharme de su situación y comprar el collar a un precio bajo. O habrías ido de una joyería a otra con falsas expectativas para conseguir un precio más alto. Tal vez habrías estado tan desesperada que habrías perdido el ánimo para seguir viviendo. ¿Qué hubiéramos ganado si te hubiera dicho entonces la verdad? Ciertamente, nunca habrías llegado a ser una experta en joyería. Ahora, en cambio, tú tienes conocimientos sobre el oro y las gemas, y yo me he ganado tu confianza.

Gracias a la propia experiencia, saber distinguir lo verdadero de lo falso es más valioso que cualquier buen consejo. La persona que ejercita su capacidad de discernir a través de su propia experiencia no malgasta el tiempo en desconfiar de otros o en caer en la desesperación, simplemente sigue su camino. Y para que pueda hacer esto, no debemos ponerle trabas mediante consejos precipitados y sabiduría mal concebida. Los conocimientos que no hemos desarrollado nosotros mismos son como alas que no podemos desplegar. Los problemas de la vida se resuelven experimentando.

En una de mis primeras estancias para hacer senderismo en el Himalaya, planeé mi ascenso al pueblo de Langtang, en Nepal. Octubre o noviembre habrían sido los meses ideales para recorrer estos senderos, pero fue en enero cuando yo, el turista de pelo largo, deshice mi maleta en una posada de Katmandú. Para mi satisfacción, me crucé en el camino con un conocido de Nepal que era alpinista profesional. Le conté mi plan: ida y vuelta en una semana desde Syabru Bensi hasta Kyanjin Gompa, a 3 800 metros. Durante mi último viaje me había acompañado un *sherpa* y llevaba mucho equipaje. Esta vez quería viajar más ligero, solo con lo esencial en la mochila. Ya tenía unas cuantas excursiones a mis espaldas y me sentía bien preparado, rebosaba confianza.

Cuando le dije a mi amigo que ni siquiera quería llevar un saco de dormir, levantó las cejas, pero no dijo ni una sola palabra. Solo asintió con la cabeza.

El viaje a Langtang se convirtió en un absoluto fracaso. La ruta era mucho más peligrosa y exigente de lo que me había imaginado. Como no me acompañaba un *sherpa,* me perdía constantemente. En lugar de una semana, como estaba previsto, me llevó diez días, y los lugareños que me cruzaba por el camino se quedaban horrorizados al verme. Iba vestido como si fuera a pasear por la colina de detrás de casa. Cuando partí de Syabru Bensi parecía una persona civilizada.

¿Fue una experiencia exclusivamente dolorosa? Desde entonces he viajado más de veinte veces por el Himalaya, pero el camino hacia Langtang ha sido el que más intensamente me ha impactado. No solo por el paisaje, las cumbres nevadas de Ganesh Himal, que abrumaron mis ojos y mi alma. El frío, difícilmente soportable, me obligó a comprar una chamarra, un par de guantes y un gorro de lana de yak durante el trayecto; pero, sobre todo, lo que me resulta inolvidable es el cariño con el que me ayudaron los lugareños de la zona. Como era imposible acampar en la montaña en invierno sin saco de dormir, los dueños de las posadas me dejaban dormir en sus cocinas, donde oía cómo crepitaba el fuego en el horno de barro. De esa manera empecé a trabar conversación con la gente que vivía allí, y ese intercambio personal hizo de ese viaje algo muy especial.

Debido al despiadado sol de alta montaña, mi cara estaba completamente quemada, como si hubiera estado cerca de una explosión, y mis labios cubiertos de ampollas cuando regresé, físicamente demacrado y apurando mis últimas fuerzas, a Syabru Bensi. Pero mi mente nunca había estado tan fresca y mi mirada nunca había sido tan radiante. En ese estado volví a encontrarme con mi amigo nepalés, el escalador profesional.

—¿Por qué no me advertiste? —le pregunté—. ¡Santo cielo! ¿Por qué no me dijiste que no llevaba el equipo esencial? ¡Conoces el territorio de Langtang como la palma de tu mano!

—Porque es mejor que aprendas a través de tu propia experiencia. ¡Este no será tu último viaje! Sabía que podrías conseguir todo lo que necesitaras en el camino. Y también que acabarías superando todos los problemas de algún modo.

Vivir no significa escuchar explicaciones. Es experimentar las cosas por ti mismo. Todo lo que hay dentro de nosotros que no es bueno ni correcto se perderá por el camino. Si mi amigo no se hubiera mostrado tan moderado en consejos, mi visita a Langtang no se me hubiera quedado tan profundamente grabada. Creo firmemente que en ese momento mi camino estaba predestinado. Con ello aprendí a no basar mi vida en consejos de gente con más experiencia y a lanzarme sin apenas vacilar hacia lo impredecible, para que cuando me adentre en un terreno desconocido, no me encuentre a un *sherpa*, sino la vida real. Ahora sé que la vida me ofrecerá eventualmente la solución. Como reza uno de mis dichos favoritos: «Un pájaro vuela aunque no sepa dónde se posará». Y a volar siempre aprende.

¡No le concedas tanta importancia!

En un viaje por la provincia india de Ladakh, un hombre llegó a la ciudad de Leh, a 3 500 metros de altitud. Su primer encuentro con el mal de altura, que hasta entonces solo conocía de oídas, se produjo cuando en el albergue en el que se hospedaba vio a un hombre tumbado con un concentrador de oxígeno portátil y una mascarilla respiratoria. Su habitación estaba en el segundo piso, y subir las escaleras desde la planta baja le resultó complicado. Pronto empezaron a aparecer los dolores de cabeza y mareos. Después de la cena, su estado empeoró, se encontraba muy mal.

El dueño del albergue le aseguró que con solo tomarse un día de descanso mejoraría. Pero cuanto más tiempo permanecía a aquella altura, más intensos se volvían los dolores de cabeza y más se aceleraba su pulso. El concentrador de oxígeno, que había tomado prestado por una cantidad considerable de dinero, no parecía proporcionarle ningún tipo de alivio. Su miedo al mal de altura iba aumentando a medida que pasaban las horas. Al tercer día llamó a un médico. Tras un minucioso examen y una revisión del nivel de oxígeno en sangre, el médico descubrió que sufría un simple problema digestivo y le prescribió varios medicamentos. Pero su miedo no desapareció.

Así, pues, en toda la semana que se suponía que tendría que haber estado viajando, no salió de su habitación, permaneció encamado y, finalmente, fue transportado de vuelta al valle en avión. Tiempo después me contó que otros viajeros le habían dicho que sus síntomas no habían sido en realidad tan graves, que todo el mundo los había tenido. Posteriormente, comprendió lo estúpido que había sido. Simplemente se había convencido a sí mismo de la gravedad de su problema.

Todos somos conscientes de la propensión de la psique humana a sumirnos en un estado de agitación interna que nos puede llevar a sobredimensionar en exceso lo que sucede en el exterior. ¡Qué pérdida de tiempo y de energía! Imagínate que te dijeran: «Siéntate, cierra los ojos y piensa en todo menos en un loro amarillo». Si hubieras cerrado los párpados el loro amarillo estaría ahí. Te seguiría sin piedad, da igual que estuvieras comiendo o trabajando, pensarías en él todo el tiempo. ¡Te visitaría incluso por las noches en sueños! Y solo tú eres el responsable de convertir este pájaro en un monstruo.

Había pasado ya la medianoche cuando llegué por primera vez a Chennai, en el sur de la India, y aunque era diciembre, llovía a cántaros. Tomé un *autorickshaw* para ir al hotel, esa mezcla de motocicleta y coche que en la India es el vehículo de la gente pobre. La tela que cubría la cabina no resistió la lluvia. Recorridos 100 metros, ya estaba completamente empapado y parecía que hubiera sacado mi mochila del agua.

Nunca había visto llover tanto en tan poco tiempo. Las ruedas del *rickshaw* estaban completamente sumergidas en el agua y sería incapaz de decir si circulábamos por una laguna o por un charco, pero aquel vehículo luchaba valientemente por avanzar. La lluvia cayó con tanta fuerza que no pude evitar sentir que nos estaba apuntando directamente a nosotros. Casi no había nadie en la calle, pero cuando pasábamos por delante de alguien, no podría decir si se trataba de una persona o de una vaca. El viejo conductor parecía sentir mi propio miedo, porque mientras me aferraba a los puntales con las dos manos me aseguró: «*Nothing special!*».

Nada especial. No te preocupes. (En el sur de la India, estos aguaceros son frecuentes incluso en diciembre, porque la temporada de lluvias es muy larga allí.) Las palabras del conductor del *rickshaw* modificaron mi punto de vista, y la batalla mental en mi cabeza terminó al instante. De repente pensé: «¡Pero si estoy de viaje! ¿Dónde, sino aquí, en un país subtropical, voy a ver un aguacero como este?». Al llegar al hotel saqué mi ropa mojada y todos mis efectos personales de la mochila y los extendí por la habitación. Después me metí en la cama. A la mañana siguiente, cuando desperté y abrí la ventana, miré hacia el cielo despejado, y abajo, en la calle, había un carro lleno de plátanos frescos que avanzaba a trompicones.

Cuando nos liberamos de nuestros pensamientos obsesivos, la mente y el corazón se abren. Tendemos a otorgar demasiado poder a los problemas pasajeros, y mientras luchamos contra ellos, no encontramos ni un minuto de tranquilidad para disfrutar de la belleza de la vida. Bajo la presión de nuestros pensamientos, permitimos que un solo acontecimiento acapare completamente nuestra atención. Si no hacemos nada por evitarlo, las cuestiones a las que nos enfrentamos crecen hasta convertirse en verdaderos monstruos que nos alejarán más aún de lo que realmente importa. Abrir el corazón, aceptarlo, esa es la clave para una vida espiritual.

Hace poco estuve con un amigo indio que había venido a Corea. Tomamos té y me habló de su tío Patak, a quien también conozco. El hombre había sufrido una hemorragia aguda y necesitaba urgentemente una transfusión de sangre. Como tiene un tipo de sangre poco común, fue difícil encontrar al donante adecuado, pero por suerte llegó a tiempo. La transfusión se llevó a cabo sin dificultades, Patak se recuperó y pudo retomar su vida normal.

Sin embargo, un mes después surgió una nueva complicación. Patak era un hindú ortodoxo, y de repente le surgieron dudas: «¿Quién era el donante? ¿Viene de una casta superior como yo o de una inferior? ¿Y si es de la casta de los intocables? ¿Será musulmán? ¿O quizá incluso un criminal?».

Patak estaba tan preocupado por la sangre de un extraño que ahora fluía por sus venas que su pulso se aceleraba y exudaba sudor frío por los poros. Se había olvidado por completo de que el médico le había asegurado que no habría ningún tipo de complicaciones a causa de la sangre donada. En un momento determinado, estuvo con los nervios tan al límite que tuvo que someterse a un tratamiento psicoterapéutico. Pero nada le ayudó. Estaba firmemente convencido de que sus ataques de taquicardia, su agitación interna y su cansancio se debían al ADN y a la hemoglobina del donante desconocido. Estaba tan furioso que llamó a todas las autoridades posibles y exigió la promulgación de una ley que prohibiera a los que pertenecían a las castas inferiores donar sangre a aquellos de las castas superiores.

Era poco probable que Patak volviera a tener una vida normal. Se le había olvidado hacía mucho tiempo el alivio de haber sobrevivido a una enfermedad que amenazaba su vida. El hombre hizo todo lo posible para que su situación empeorara. El mundo reaccionó a ello añadiéndole más problemas. Y sucedió que él, el maestro en crear problemas, desperdició la oportunidad de hacer algo con la vida que le habían regalado.

Esto me recuerda la siguiente fábula:

—¿Sabes cuánto pesa un copo de nieve? —le preguntó un carbonero a una paloma silvestre.

—No pesa casi nada —respondió esta.

—Entonces te contaré una historia increíble —dijo el carbonero—. Estaba sentado en una de las ramas más bajas de un abeto, cuando empezó a nevar, no mucho, y no hacía viento. Nevaba suavemente, como en un sueño. Y como no tenía otra cosa que hacer, empecé a contar los copos que caían en mi rama. Había contado 3.741.952 cuando el siguiente copo de nieve que caía flotando desde el cielo, y que uno piensa que no pesa nada, se posó y la rama se rompió.

¿Cuántos copos de nieve se están acumulando en mi mente en este momento? No hay nada que pueda derribarnos más fácilmente que nuestros propios pensamientos. En cuanto la cabeza encuentra una solución, se crea mil nuevos problemas. En este sentido, todos contamos con la imaginación de los narradores de historias. Si dejamos de hacer la guerra contra nosotros mismos en nuestras mentes, de repente se abre un mundo completamente nuevo delante de nosotros.

A una mujer se le diagnosticó un cáncer en fase terminal. Su reacción fue entrar en un estado de conmoción y cayó en una depresión. Cuando su maestro espiritual la visitó, ella le pidió consejo.

—¡No le concedas tanta importancia! —dijo él.

El hecho de que estuviera enferma de cáncer ya era suficientemente malo como para ahondar más en esta lamentable situación torturándose a sí misma. La mujer, que siempre había llevado una vida espiritual, comprendió el sentido de su consejo y encontró el camino de vuelta hacia su equilibrio interno. También se dio cuenta de que el cáncer era solo una parte de ella y de que no lo era todo. Para sorpresa de las personas que la rodeaban, de repente se volvió mucho más activa, porque la energía que había invertido hasta entonces en luchar contra el miedo le había arrebatado la fuerza vital de la que ahora disponía. En lugar de canalizar sus pensamientos hacia el cáncer, ahora podía dedicarse a su curación. Reconciliémonos con nuestro problema y aceptémoslo para que se reduzca a medida que nosotros crecemos. En realidad, somos mucho más que nuestros problemas.

«¡No le concedas tanta importancia!»: debemos tener en cuenta esta frase, independientemente de que signifique fortuna o desdicha para nosotros.

Sin embargo, no debemos transmitir este consejo a ciegas. Lo más probable es que si dijéramos esta frase a personas que se regocijan de felicidad tras lograr un gran éxito, que acaban de sufrir una pérdida injusta o que yacen enfermas en la cama, se alejaran de nosotros o que se rompiera la amistad. De hecho, no deberíamos decírsela a nadie, sino a nosotros mismos. Entonces es realmente cuando cobra sentido.

Un mantra para la vida

«¡Sabe delicioso, sabe delicioso!», ese era el conjuro que una conocida mía solía recitar siempre antes de empezar a comer. Lo hacía con una leve sonrisa y con tal formalidad que parecía que estuviera espolvoreando masala sobre el plato para realzar su sabor. Se rumorea que mientras cocinaba también hacía conjuros en casa.

—¿No creerás en serio que la comida mala mejora solo por recitar esa frase? —le pregunté.

—¡Por supuesto que se volverá deliciosa! ¡Es un mantra poderoso! —respondió ella.

Llegó un momento en que me lo contagió. Desde entonces, cada vez que me dispongo a preparar unos simples tubérculos, murmuro: «¡Son los camotes dorados más hermosos del mundo!». Y tengo la sensación de que realmente funciona. Por supuesto que se trata de una especie de autohipnosis, pero sería poco inteligente descartarlo simplemente por ello. Se ha demostrado que el sabor no se origina en la propia comida, sino en el cerebro. Por ejemplo, la miel no sabe nada dulce, es nuestro cerebro el que nos lo hace creer. Se trata de un tipo de estrategia de supervivencia. La autohipnosis desempeña un papel importante en la percepción del gusto.

Con el paso del tiempo, esta conocida mía emigró a Nueva Zelanda, pero me la puedo imaginar claramente murmurando su conjuro sobre cualquier extraño plato en la isla Norte: «¡Esto es delicioso!». El plato entero empezará a brillar y todo lo que esté sobre él estará exquisito.

Mantra es un término que procede del sánscrito y que deriva de *manas* ('mente') y *tram* ('instrumento'), por lo que puede traducirse como «instrumento de la mente». Cuando se trabaja con mantras, la constante repetición de una sílaba, de una palabra o de una frase genera una fuerte vibración, hasta que la idea que contiene adquiere una fuerza abrumadora, casi sobrenatural.

Hace diez años, Renata, una amiga polaca, tuvo que enfrentarse a varios desafíos serios al mismo tiempo. Por un lado, se vio obligada a renunciar a su puesto de profesora porque ya no soportaba más la envidia y la hostilidad de sus compañeros; por el otro, su enfermedad cardíaca congénita empeoró tanto que tuvo que someterse a un exhaustivo examen médico. Además, tenía que tomar una decisión importante para encarrilar su descontrolada vida y encauzarla antes de que fuera demasiado tarde.

«*Wszystko będzie dobrze!*» decía ella en polaco: «todo saldrá bien», cualquiera que fuera la circunstancia. Este mantra le proporcionó un punto de apoyo y finalmente se hizo realidad. La llamaron de otra universidad para una plaza de profesora, y las condiciones de trabajo eran aún mejores que en su antiguo puesto. Los resultados del examen de su corazón fueron satisfactorios y, gracias a la importante decisión que había tomado, por fin pudo empezar una nueva vida con la que hasta entonces solo había soñado. Ella siguió la máxima que en algún momento había leído en la pared de un centro de meditación: «No pongas un punto donde Dios puso una coma».

Hace mucho tiempo, yo viví algo parecido. Fue durante una estancia en un *áshram* en la India, cuando me encontraba en un estado de extrema agitación interior. En plena meditación, de repente salía como un vendaval de aquella sala, corría medio desnudo por los alrededores o viajaba durante treinta horas en tren hasta el final del continente y volvía. Como no comía nada, me quedé en los huesos. Estaba literalmente al borde de la locura. Cada vez que volvía a tener un ataque, una amiga que había conocido en el *áshram* me decía: «Todo está bien, deja de pensar en ello».

Cuando me dirigí a ella después del loco viaje en tren, me llevó a un restaurante cercano, me dio de comer y me dijo: «Todo está bien, déjalo todo». En ese momento debí de parecer un fantasma, tanto física como espiritualmente.

No era yo el que estaba hambriento, sino mi alma. «Todo está bien»; probablemente acudí a ella solo para escuchar esta frase. Ella me hizo entender que mis pensamientos habían desatado una tormenta dentro de un vaso de agua. ¡Me dijo que no había nada de eso! Yo mismo me daría cuenta con el tiempo.

«Todo está bien» no era una frase sin fundamento para aquella mujer. Era su experiencia de vida la que hablaba por ella: se había casado con el hombre equivocado y a causa de aquel sufrimiento intentó suicidarse, por lo que se tiró de un tren en marcha. Además, había perdido a su amada hija. Innumerables rápidos los habían arrastrado finalmente al mar del

«Todo está bien». Cuando pienso en aquella época, me viene a la memoria, entre los muchos buscadores espirituales de todos los rincones del mundo que conocí en el *áshram*, su rostro pacífico y radiante. Ella le reveló al héroe del cuento de hadas que estaba encerrado en la torre la palabra mágica que lo liberaría.

A pesar de que a menudo no nos damos cuenta, cada uno de nosotros tiene su propio mantra que, con sus vibraciones, forma hologramas a partir de los cuales creamos nuestras vidas. Basta con recitar en nuestro interior una palabra habitual inconscientemente para que se convierta en un mantra para meditar.

En Calcuta conocí a un turista que utilizaba la palabra «horrible» en cada frase que pronunciaba. Parecía como si hubiera vivido, en todos los lugares en los que había estado, constantemente hechos «horribles». Había viajado en un «tren nocturno horrible», había dormido en un «hotel horrible» y había bebido un «*lassi* horrible» (un yogur bebible). Incluso había pisado un «horrible excremento de vaca» y había visto a un dios con un «semblante horrible» en un templo hindú. Además, para darle más énfasis a sus palabras, ponía permanentemente una «cara horrible». Al día siguiente, lo vi sentado en la terraza de un café, con una expresión bastante desagradable en el rostro, tomando un té *chai*. Un gran muro se erigía entre él y el mundo. Espero que el viaje no terminara para él de aquella manera.

Un sabio hizo una parada en un pueblo durante su viaje. Una mujer del lugar que se había enterado de su presencia fue a pedirle que ayudara a su hijo enfermo. Él la siguió y, cuando llegaron a su casa, habían acudido ya hasta allí en masa muchas personas. Así que puso su mano en la frente del niño enfermo y comenzó a rezar.

—Si el niño ni siquiera está mejorando con los medicamentos que le ha recetado el médico, ¿cómo lo va a conseguir entonces tu oración? —vociferó un hombre de entre la multitud allí reunida.

—¡Tú no tienes ni idea de lo que es rezar! ¡Eres un maldito idiota! —gritó el sabio.

El hombre humillado se puso entonces rojo de rabia y lanzó las más salvajes maldiciones contra los sabios. Pero el sabio sonrió y dijo:

—Buen hombre, si mis palabras pueden llegar a molestarte tanto, quizá las palabras de mi oración podrían tener un poder curativo.

Así es como el sabio curó a dos personas ese día.

«Elige las palabras que piensas sabiamente», decía un inteligente dicho. Porque aunque los demás no las oigan, nosotros las escuchamos. Una palabra puede desmoralizarnos por dentro, mientras que otra, como una semilla que cae en el surco de un cultivo, nos infunde esperanza y valor. Ya se trate de desmoralización o de crecimiento, ya sean nocivos o útiles, ambos procesos requieren su tiempo, pero que se produzca uno u otro depende de los microorganismos que utilicemos.

«Como hablaron a mis oídos, así haré yo con ustedes» es más que un simple versículo de la Biblia. Como una máscara que nos aprieta la cara, así se nos graban en la memoria las voces negativas en nuestro interior cuando las repetimos inconscientemente. Andrew Newberg, en su libro *Las palabras pueden cambiar tu cerebro*, señala que una sola palabra puede influir en la expresión de los genes responsables del manejo del estrés físico y emocional. Basta con decir «amor» o «paz» para producir cambios funcionales en el cerebro.

Winnie the Pooh, en el libro infantil homónimo, le preguntaba a su mejor amigo, Puerquito:

—¿Qué día es?

—Es hoy —le respondía su amigo.

—Mi día favorito —añadía Pooh.

Se trata de un conjuro usado a menudo y con gusto por Pooh.

Mi mantra es: «¡Respira!». Cuando estoy inquieto o siento que mis emociones están a punto de estallar, cuando me enojo o percibo que mis pensamientos se dirigen hacia una montaña rusa sin sentido, me digo a mí mismo «¡Respira!», y respiro hondo. Y tan pronto como tengo mis emociones bajo control, me calmo y vuelvo del todo al aquí y ahora.

¿Cuál es tu conjuro personal? ¿Se refleja en la elección de tus palabras el proceso de gestación de la aceptación?

Al contar los buenos momentos, no obvies las heridas

> Una experiencia que nos hace daño no es un hecho casual. Es la oportunidad que hemos esperado pacientemente para encontrar nuestro rumbo en la vida, para tomárnosla en serio. Si este incidente no se hubiera producido, estaríamos buscando ahora otra experiencia similar.*
>
> W. H. AUDEN, poeta inglés

Una mujer joven soñaba con abrir algún día su propia consulta psicoterapéutica. Sus padres, que estaban muy pendientes de ella, tenían recursos suficientes para que pudiera estudiar, y ella quería ayudar con su trabajo a las personas que sufrían heridas emocionales. Después de su graduación, se casó y llevó una vida envidiable y libre de preocupaciones con su marido

* Salvo que se indique lo contrario, las traducciones de los fragmentos citados en este libro son elaboración propia. (*N. de la T.*)

hasta que, pasado un tiempo, decidió hacer una maestría en Psicología y así satisfacer su antiguo deseo. Pero, de un día para otro, la mala suerte se apoderó de su vida.

Su único hijo sufrió un colapso repentino y murió antes de que se pudiera averiguar qué padecía. Cuando apenas se había recuperado de la peor conmoción que hubiera podido sufrir, se enteró de que su marido la estaba engañando. Él no dijo ni una palabra sobre las críticas ni las acusaciones de su mujer; simplemente la dejó plantada. En aquel momento no se imaginaba que diez meses más tarde estaría delante de la tumba de su padre, su protector, el que con palabras y hechos la había apoyado durante toda su vida y siempre había velado por su seguridad, quien, de repente, ya no estaba.

Su dolor era infinito. ¡Si tan solo pudiera volver atrás en el tiempo y recuperar de alguna manera a las personas que había perdido! Ya no era la madre de nadie, ni la esposa de nadie, ni la hija de nadie. Todas sus identidades anteriores se habían desvanecido repentinamente y, por primera vez en su vida, se enfrentaba seriamente a la pregunta de quién era realmente. A raíz de su dolor, empezó a escucharse a sí misma. Se dio cuenta de que una verdad hiriente es mejor que un falso consuelo. Cuando el alma despierta a una nueva vida, la relevancia de las pérdidas del pasado se disipa.

Desde entonces, la mujer ha superado tanto los estudios de maestría como la dura escuela de la vida, y ahora trabaja como psicoterapeuta. Quien conoce el sufrimiento por propia experiencia y sin embargo pregunta al otro si está bien es el «sanador herido» del que habla C. G. Jung. A veces, la cura irrumpe sobre nosotros como una ola que nos tira al suelo y, cuando apenas disminuye y reencontramos nuestro equilibrio, la siguiente ya cae sobre nosotros.

Cuando nos cortamos con un cuchillo, nuestros mecanismos de cura física y emocional se movilizan instantáneamente y funcionan mucho más activamente que antes. A los cuarenta y tantos, en pleno apogeo de su carrera, al pianista más solicitado del momento, Murray Perahia, lo sorprendió un inesperado golpe del destino. Se hizo un corte en el pulgar de la mano derecha con el filo de una partitura. En un principio, la herida parecía leve y aparentemente se curaba con rapidez, pero luego se produjo una infección y el pulgar se deformó. Perahia tuvo que ser operado dos veces, lo que le impidió tocar el piano durante años.

¡Un pianista que no puede tocar su instrumento! En qué valle de tinieblas debió de haber estado... Sin embargo, Perahia declaró que durante ese tiempo había evolucionado extraordinariamente. Al fin había tenido tiempo de acercarse a la música más allá del piano desde diferentes perspectivas. Se preguntó entonces qué pasaba por la mente de un compositor cuando escribía sus notas, y encontró respuestas. Cuando pudo volver a tocar, lo hizo a un nivel superior. Su manera de tocar había ganado en alma y profundidad. Por algo lo llaman «el trovador del piano». Las *Variaciones Goldberg* de Bach que grabó a su regreso permanecieron en la lista de Billboard durante quince semanas. En su música hay un sentimiento de gratitud hacia Dios: la gratitud de un hombre que ha superado el sufrimiento.

La interpretación de Murray Perahia de la sonata *Claro de luna* de Beethoven es melancólica: «Muchos expertos consideraban que, en realidad, no había relación alguna entre la luz de la luna y la sonata *Claro de luna* de Beethoven, y supusieron que dicha conexión se habría establecido posteriormente. Sin embargo, en una subasta se descubrió una nota que el propio Beethoven había escrito justo antes de componer la pieza. En ella planteaba dónde podía conseguir un arpa eólica, ese instrumento del que se decía que Eolo, el dios del viento, tocaba siempre que el viento rasgueaba sus cuerdas y las hacía sonar. Según la leyenda, una pareja de enamorados, que como Romeo y Julieta fallecen jóvenes, descienden a un planeta que solo conoce la luz de la luna. Es la tristeza de las islas solitarias en las que viven estas parejas de amantes la que se escucha al son de las vibraciones del arpa eólica. Y son precisamente estos sonidos los que plasmó Beethoven en su sonata *Claro de luna*».

¿Sería incorrecto afirmar que cada herida tiene un sentido? Quizá no somos nosotros los que curamos la herida, quizá sea la herida la que nos cure. Si sufrimos una lesión, se trata de una advertencia inequívoca de que necesitamos cambiar algún aspecto de nosotros. Si miro hacia atrás en mi vida, las supuestas heridas, vistas retrospectivamente, siempre han resultado ser hitos en el camino en busca de mi verdadero yo. En el tejido de la vida, las etapas del sufrimiento están íntimamente ligadas a las de la bendición. El término inglés *blessing* y el francés *blesser* están relacionados etimológicamente con la misma raíz: *blessing* significa 'bendición', y *blesser*, en cambio, 'herir'. Si contamos los buenos momentos, no podemos excluir las heridas.

Un hombre joven desarrolló cáncer de huesos. Después de que le amputaran una pierna, cayó en la desesperación y desarrolló un verdadero odio hacia los sanos. En la primera sesión de terapia con pintura que le habían prescrito los médicos, pintó su cuerpo como un jarrón todo negro y con una gran grieta.

Algunos años más tarde y después de muchas sesiones, el terapeuta le mostró su primera imagen.

—Oh, esto no está terminado —observó el joven.

—¿Quieres terminarlo? —le preguntó el terapeuta.

El joven asintió con la cabeza, tomó un lápiz amarillo y apuntó hacia la grieta:

—Mire —dijo—, aquí luce el sol. —Y así hizo brillar el jarrón.

«En la vida es más importante bailar bajo la lluvia que investigar la cuestión de cómo permanecer seco ante un chaparrón», dijo un autor anónimo.

Para convertirse en un guerrero espiritual se necesita un corazón roto, dice el maestro budista Chögyam Trungpa, originario del Tíbet. De lo contrario, uno no es idóneo para ello. El sufrimiento en el que uno encuentra sentido no es un naufragio, sino el momento del renacimiento y del comienzo de un nuevo viaje. Los católicos hablan de la *felix culpa*, la «feliz culpa», casi una caída con banderas ondeando, ya que la herida nos conduce a la salvación.

Entre la tribu indígena de los siux, en América del Norte, existe la creencia de que el hombre está más cercano a Dios cuando sufre y está triste, porque el dolor revienta la cáscara del ego. Los siux consideran sagrados a los heridos y a los que han sufrido. La gente acude a estas personas y les piden que recen por ellos. Se cree que sus plegarias son más conmovedoras y poderosas y, por lo tanto, pueden llegar mejor a Dios.

El monje vietnamita Thich Nhat Hanh dijo: «Hace unos años contraje una infección viral y comenzó a acumularse sangre en mis pulmones. Cada vez que tenía que toser, y eso ocurría a menudo, mi pañuelo se teñía de rojo. Me costaba mucho respirar, y ser feliz mientras respiraba, aún más. Gracias al tratamiento médico, mis pulmones se curaron totalmente, y vuelvo a respirar de nuevo con facilidad. Ahora, mi trabajo consiste en recordar, en cada respiración, aquel tiempo en el que mis pulmones estaban tan enfermos. ¡Qué bien se siente entonces uno!».

¿Es posible que la «herida» nos estuviera trayendo a nuestro interior la vida que hay fuera? Por supuesto, lo mejor sería que pudiéramos descubrir nuestro propio yo, y salir ilesos de ello, y encontrar nuestro rumbo en la vida. Pero parece ser que nuestra alma sabe perfectamente cuánto tiempo debemos pasar sufriendo. Que nuestra vida es mucho más importante que cualquier herida, eso lo sabe también el alma.

Dios escribe derecho con renglones torcidos

Un fraile vagabundo salió con su discípulo a recorrer el mundo. Al atardecer se pusieron a buscar un hospedaje y llegaron a una solitaria cabaña medio en ruinas cubierta de paja que estaba en el borde de un precipicio. Allí vivía un matrimonio con sus tres hijos. Alrededor de la cabaña no había árboles ni arbustos; tampoco había trigo que ondulara en los campos. Solo una vaca en los huesos estaba atada cerca.

Cuando el monje y su discípulo preguntaron por un hospedaje para pasar la noche, el padre de la familia los recibió amablemente, les sirvieron queso y un puré preparado con leche fresca, una generosidad que conmovió profundamente a los invitados a la vista de la pobreza en la que vivían aquellas personas.

Después de la cena, el monje les preguntó cómo se las arreglaban para salir adelante en aquel páramo tan lejos de la ciudad y del pueblo. ¡No había ni un solo campo sembrado!

La mujer echó una mirada cansada a su marido y le respondió resignada:

—Nuestra única propiedad es una vaca vieja cuya leche o bien bebemos o aprovechamos para hacer queso. Si sobra algo de leche, la llevamos al pueblo y allí la intercambiamos por otros alimentos, y así nos mantenemos a flote.

A la mañana siguiente, el monje y su discípulo agradecieron su hospitalidad y se pusieron en camino.

—Regresa y tira la vaca por el acantilado —le dijo el monje a su discípulo cuando apenas habían llegado a la primera curva del camino.

El discípulo no podía dar crédito a lo que estaba oyendo:

—Pero si esta familia vive solo de esa vaca, sin ella morirían de hambre.

—Vuelve rápido y haz lo que te digo —le insistió el monje.

Sintiéndolo en el alma, el joven monje volvió a la cabaña. Temía por el bienestar de la familia, pero, por otro lado, había hecho un voto de obediencia incondicional que lo obligaba a obedecer a su sabio maestro, así que no le quedó opción y tiró la vaca por el precipicio.

Pasaron los años y, en un momento determinado, el joven monje, esta vez solo, volvió a pasar por aquella zona. Todavía se arrepentía de lo que había hecho, así que decidió ir a ver a la familia para disculparse. Cuando se acercó a la curva al pie de la montaña se detuvo asombrado. Allí donde antaño había una choza de paja medio desmoronada, ahora se erigía una hermosa casa con un campo sembrado de verduras a un lado y un jardín con flores delante que, a todas luces, eran cuidados con cariño. A simple vista, la prosperidad y la felicidad habían llegado a aquel lugar.

El monje llamó a la puerta, y le abrió un hombre con una indumentaria sencilla pero bien vestido.

—¿Sabe qué le pasó a la familia que vivía aquí antes? ¿Les compró usted la casa a esas personas porque estaban a punto de morir de hambre? —le preguntó el monje.

El hombre lo miró con incredulidad y le dijo:

—¡Pero si he vivido aquí toda mi vida!

El monje le explicó que hacía unos años había pasado allí una noche con su maestro, y de nuevo le preguntó:

—¿Qué le pasó a la familia después de eso?

Acto seguido, el hombre lo volvió a invitar a pasar una noche en su casa. Le sirvió la cena y, como si hubiera estado esperando aquella ocasión, comenzó a contar su historia.

—Todo lo que teníamos entonces era una vaca desnutrida. Nos salvaba de la muerte por inanición y no veíamos la manera de salir de la miseria. Pero un día se cayó por el acantilado y murió, así que tuvimos que hacer algo si queríamos sobrevivir. Aprendimos a cultivar, plantamos hortalizas y pusimos árboles en el campo sin sembrar. Teníamos que encontrar de alguna manera el camino, y lo encontramos. Al final, la pérdida de la vaca resultó ser un golpe de suerte para nosotros. Nuestra vida se ha vuelto mucho mejor y ha cobrado más sentido.

El monje cerró los ojos un momento. ¡Su maestro lo sabía! Se dio cuenta de que la única manera de poder dejar atrás nuestra antigua vida era eliminando las patéticas dependencias que nos impiden atrevernos con cosas inéditas y emprender nuevas aventuras.

Mientras nos aferremos a la seguridad, la vida nos empujará por un precipicio. Cuando una ola del destino nos derriba, es hora de empezar de nuevo. La pérdida y la despedida siempre tienen un sentido. Dios escribe derecho con renglones torcidos.

¿Qué vaca tengo que tirar por el acantilado? ¿Cómo se llama? ¿De qué dependo? ¿Qué me es tan cómodo y familiar que me retiene y me impide avanzar en la vida? Hacernos estas preguntas es parte del arte de vivir. Debemos separarnos de nuestra vaca para ampliar nuestros horizontes y liberarnos. Parafraseando a la maestra de sabiduría budista Pema Chödrön: «Si lo que queremos es basar nuestra vida sobre la seguridad y la certidumbre, hemos elegido el planeta equivocado».

Todo ser vivo siente dolor

Cada persona que nos encontramos tiene sus heridas, de las cuales no sabemos nada. Seamos, pues, amables los unos con los otros y no hagamos juicios arbitrarios sobre los demás. Cada uno pasa por la vida a su manera.

En las culturas musulmanas de Pakistán y de partes de la India cuyo idioma oficial es el urdu, la gente se saluda con «*Kya haal hai?*», que significa: «¿Cómo va tu *haal*?», el estado de tu corazón. Es una pregunta de persona a persona, la cuestión de si el otro tiene alegría en su corazón y de cuán viva está su alma. No se trata de cuánto gana o de lo ocupado que está.

En un pequeño callejón de la ciudad de Benarés, en el norte de la India, hay una casa de té a la que voy siempre que puedo. Es pequeña y modesta, pero como sirven un buen *chai*, es muy popular tanto entre los lugareños como entre los extranjeros. Un hombre la dirigía junto con su hermano, un excelente pintor dos años menor que él que en realidad quería ser artista. Una mañana que estaba yo sentado en una de las sillas de madera de la parte trasera de la casa de té hojeando un periódico vi a un lugareño de pie frente a la puerta. Era obvio a primera vista que no había venido a tomar el té. Iba pobremente vestido y no daba ninguna muestra de querer subir los escalones de la entrada; simplemente se quedó allí mirando el salón. Tampoco parecía querer pedir limosna.

Se quedó allí parado. El callejón frente al local tenía poco más de un metro de ancho, y él estaba bloqueando el paso a los transeúntes y a las motos, pero no parecía importarle. Permaneció inmóvil en el mismo lugar y miraba fijamente hacia la casa de té. No cabe duda de que los demás clientes, a los que yo conocía en su mayoría, pensaban que era un enfermo mental. Yo tampoco pude evitar pensarlo, a pesar de que nunca lo había visto antes.

Durante más de una semana apareció en la puerta todas las mañanas hacia las ocho y se dejaba empujar de un lado a otro por los transeúntes: por los niños que a esa hora iban a la escuela, por los peregrinos que se dirigían al Ganges, por el dueño de una tienda que se disponía a abrir su negocio y por la mujer gorda que quería ir al mercado de verduras. Allí estaba parado en el sitio, mirando fijamente el salón. Parecía hambriento, y en su extraña mirada atenta había un profundo anhelo. Llegó un momento en el que no pude evitarlo, dejé mi periódico a un lado y le dije:

—*Kya haal hai!*

—*Kya haal hai!*—me respondió.

Le pregunté en hindi por su nombre y de dónde era. Para sorpresa mía, contestó en inglés, lo que significaba que debía de tener una educación razonablemente buena. No era de ese barrio, sino de otra parte de la ciudad.

Le ofrecí un *chai* y le pregunté por qué estaba allí todos los días. Tomó el vaso caliente con las manos sucias y señaló con el mentón el salón. Seguí su mirada pero no sabía a qué se refería, y lo miré inquisitivamente. Entonces él señaló con el dedo la pared de enfrente de la entrada. Fue entonces cuando descubrí el cuadro que había allí.

Se trataba de una pequeña acuarela enmarcada que había pintado el hermano menor del dueño de la casa de té y que en realidad no era nada del otro mundo. Nunca la había observado tan detenidamente, a pesar de que había estado en aquella estancia muchas veces. Representaba, con suaves tonos azules y marrones, a una mujer con un sari que levantaba a un niño con los dos brazos y lo miraba con cariño. Al contemplar el cuadro, los ojos del hombre se llenaron de lágrimas, por eso tenía una mirada tan atenta.

Apenas había probado su té, cuando dijo en voz baja: «Yo también tenía una mujer y un niño como los del cuadro. Tenía...». El año anterior los dos habían muerto en un accidente de coche. Sufrió tal conmoción que desde entonces vaga sin rumbo. Descubrió este cuadro casualmente y, desde entonces, venía todos los días y lo miraba fijamente con lágrimas en los ojos durante horas: la imagen de su esposa mientras levanta a su hijo en el aire y lo mira con cariño...

Todo ser vivo siente dolor. Se dice que el sufrimiento se convierte en remedio en cuanto supera un determinado límite. ¿Dónde está ese límite? ¿Tal vez no creamos en la existencia de Dios y aun así seguimos apoyándonos en él?

Pasó un año antes de que volviera a Benarés. Cada vez que iba a la casa de té, buscaba al hombre con la vista, pero no aparecía. Al cabo de unos días pregunté por él al dueño y a su hermano, y a los clientes, pero nadie pudo darme información alguna. Solo el cuadro colgaba, como siempre, de la pared.

En la canción favorita de mi amigo indio, Sansai, hay una línea que dice: «*Duniya me kitna gham hai, mera gham kitna kam hai*» («Cuánto dolor hay en el mundo, qué pequeño es mi dolor»). Cuando conoces el sufrimiento de los demás, el dolor propio parece insignificante.

Deméter, la diosa de la agricultura en la mitología griega, no estaba en condiciones de realizar su trabajo y hacer crecer el grano. Hades, el dios del inframundo, había raptado a su hija Perséfone, y no podía dejar de llorar. La sequía se extendió por toda la Tierra. En la mitología india, el dios Rama también lloró amargamente después de que su esposa fuera secuestrada. Si nos damos cuenta de que nadie en el mundo está libre de dolor y sufrimiento, ni siquiera los dioses, podemos responder de forma tan comedida ante la felicidad y la desgracia que nuestras vidas no se nos vayan de las manos. De lo contrario, seríamos como un árbol que todavía tiembla mucho tiempo después de que el tifón se haya disipado.

Exteriormente, todo el mundo parece despreocupado, hasta que descubrimos lo que le ha sucedido en la vida. He aquí una fábula del sufismo.

Un hombre rezaba todas las noches a Dios: «Por favor, concédeme un solo deseo. Soy la persona más desgraciada del mundo, cualquiera tiene una vida mejor que la mía. ¡No quiero una bendición, quiero cambiar mi vida por la de otra persona! ¿Es acaso mucho pedir?».

Noche tras noche, el hombre gritaba esas palabras para que Dios no pudiera encontrar la paz. Finalmente, una noche, una voz estruendosa desde el cielo le dijo a la gente: «Envuelve en un manto todo el sufrimiento que hayas padecido y llévalo al patio del templo».

Arrancada del sueño, la gente comenzó a atar en un manto todas sus experiencias dolorosas.

«¡Al fin voy a tener la oportunidad de elegir otra vida!», pensó el hombre cuando agarró su fardo y se apresuró a salir con el corazón alegre hacia el templo. Por el camino se encontró con otros que también llevaban sus fardos, solo que eran mucho más grandes que el suyo. Había gente a la que solo había conocido con una sonrisa y que iba bien vestida, y que ahora tenía que echarse el fardo al hombro para poder llevarlo. A medida que el hombre se iba acercando al templo, más preocupado estaba. ¡Lo que más le hubiera gustado es haberse ido a casa! Vacilante, entró en el templo; después de todo, había sido él el que se había pasado la vida rogando por ese momento.

«Desaten sus fardos», fue la estruendosa orden que llegó desde arriba.

Todos obedecieron y de nuevo se oyó la voz: «Ahora miren detenidamente lo que tienen los demás en sus fardos, y después elijan la carga que desean conservar».

Y entonces pasó algo asombroso. Al principio todo el mundo corría confuso y observaba el sufrimiento y el dolor de los demás, pero tan pronto lo veían, corrían hacia su propio fardo y lo agarraban con fuerza. Lo mismo le sucedió al hombre. ¡Qué rápido agarró su propio fardo por miedo a que otro se lo pudiera arrebatar! Desconocía qué gran sufrimiento le depararía la vida de otro, pero se había acostumbrado a su propia desgracia. Su lamento fue acallado de una vez para siempre.

2

¿Quién puede saber a ciencia cierta si algo es bueno o malo para nuestra vida? Cuando acabamos en un callejón sin salida, podría tratarse de un mensaje. Si pudiéramos tener una visión de conjunto de nuestras vidas, ¿podríamos discernir entonces que un obstáculo que se interpone ahora en nuestro camino acabará siendo un trampolín? ¿Tal vez hemos llegado a esta situación porque hemos seguido un camino que en el fondo no queríamos tomar? La vida parece llevarnos de vez en cuando por senderos que no forman parte de nuestro plan pero que nuestro corazón anhela. Puede que esto no sea comprensible para la cabeza, pero sí para nuestro corazón.

¿Quién puede saber a ciencia cierta si algo es bueno o malo para nuestra vida?

Estaba a punto de terminar mis estudios universitarios y no sabía qué iba a hacer después cuando un amigo se pasó por casa con los papeles para una solicitud de un puesto de periodista en un periódico. Si funcionaba, a lo mejor podíamos trabajar en el extranjero como corresponsales. Esa palabra bastó para convencerme. Así que rellenamos todos los papeles mientras bromeábamos con que, con un poco de suerte, pronto iríamos al Himalaya y haríamos una entrevista a un santo, y así, como tantas veces, conseguimos esconder nuestro miedo al futuro detrás de la fachada del humor.

La prueba escrita estaba prevista para diez días después en las aulas de la Universidad Kookmin, y todavía hoy pienso en ello cada vez que paso por delante del edificio. Pasé noches sin dormir preparando el examen en una habitación mohosa que tenía subarrendada. Mientras repasaba mis apuntes, me decía a mí mismo que no había ningún tema que no dominara lo suficiente. Finalmente, llegó el gran día. Era un domingo. Llegué a la universidad antes de lo necesario con el corazón palpitante. Reinaba un silencio sospechoso en el edificio. Seguí las flechas hasta el aula del examen, pero estaba vacía.

Me dirigí hasta la entrada y le pregunté al portero. Me miró con desconfianza. Con mi pelo largo me parecía a John Lennon. «El examen fue ayer», me explicó. ¡Me había equivocado de fecha! No podía creerlo. Para no tener que seguir soportando la mirada del portero, me fui a un bar enfrente de la universidad y empecé a emborracharme a primera hora de la mañana yo solo. Maldije el cielo que me había condenado a una existencia al margen de la sociedad.

No pude evitar pensar que el camino de mi vida se había bloqueado antes siquiera de que hubiera empezado a recorrerlo. En algún momento de ese día anduve a duras penas, tambaleándome, los siete kilómetros que separaban la universidad del templo budista de la orden de Jogye, y allí me acosté en el suelo de la sala de oración como si estuviera rezando a Buda. Antes de quedarme dormido, pensé: «¡Esto es un mensaje! No debo dedicarme al periodismo, sino hacer otra cosa. Es cierto que debo vivir en el mundo, pero no ser del mundo». Como me había equivocado de fecha, había perdido la oportunidad de entrevistar a un santo, pero el viaje al Himalaya que había soñado con mi amigo entre bromas se haría realidad más tarde.

Si contempláramos nuestras vidas como un todo, entonces podríamos ver que un obstáculo que se interpone en nuestro camino al final puede acabar siendo un trampolín. ¿Nos daríamos cuenta de que ahí mismo está la oportunidad de nuestras vidas? No es el camino que hemos dejado atrás lo que acelera el latido del corazón, sino el que tenemos por delante.

Un hombre se postuló como limpiador en una empresa de limpieza, y cuando el jefe le pidió que le mostrara cómo limpiaba los suelos, no lo pensó dos veces. El jefe estaba muy contento con lo que vio.

—¡El puesto es suyo! —le dijo—. Por favor, deme su dirección de correo electrónico para que pueda enviarle el contrato de trabajo, la descripción del puesto y todos los demás detalles.

—No tengo computadora ni dirección de correo electrónico —respondió el hombre.

—Cuando no se tiene una dirección de correo electrónico, es casi como si no existieras. Lo siento, pero no puedo contratar a alguien que no existe —replicó el jefe.

Con el ánimo por los suelos, el hombre salió a la calle. No sabía qué hacer. Solo le quedaban diez dólares en el bolsillo. Estuvo pensando un rato, y luego se dirigió a un vendedor de frutas y verduras y gastó todo su dinero en una caja de jitomates. Fue de casa en casa vendiéndolos, y en menos de dos horas había doblado su inversión. Repitió la misma operación tres veces más, y cuando volvió a casa esa noche tenía ochenta dólares en el bolsillo.

Se dio cuenta de que podía ganarse la vida también de esa manera. A partir de entonces vendió jitomate todos los días desde primera hora de la mañana hasta bien entrada la noche, y cada jornada duplicaba o triplicaba sus ingresos. No pasó mucho tiempo hasta que pudo comprarse un auto y, poco después, una camioneta. En poco tiempo ya poseía varios vehículos, y al cabo de cinco años era gerente de su propio negocio de venta de alimentos al por mayor. Un día decidió hacerse un seguro de vida para él y su familia y fue a visitar a un vendedor de seguros. Al final de la reunión, este le pidió su dirección de correo electrónico.

—No tengo dirección de correo electrónico —le contestó el hombre.

—¿Cómo ha podido llegar tan lejos sin una dirección de correo electrónico? —le preguntó atónito el vendedor de seguros mirándolo fijamente—. ¿Qué hubiera sido de usted si hubiera tenido una?

Después de pensarlo un poco, el hombre contestó:

—Probablemente ahora sería limpiador.

¿Quién puede saber a ciencia cierta si algo es bueno o malo para nuestra vida? Cuando acabamos en un callejón sin salida, podría tratarse de un mensaje. Si pudiéramos tener una visión de conjunto de nuestras vidas, ¿podríamos discernir entonces que un obstáculo que se interpone ahora en nuestro camino acabará siendo un trampolín? ¿Tal vez hemos llegado a esta situación porque hemos seguido un camino que en el fondo no queríamos tomar? La vida parece llevarnos de vez en cuando por senderos que no forman parte de nuestro plan pero que nuestro corazón anhela. Puede que esto no sea comprensible para la cabeza, pero sí para nuestro corazón.

¿Por qué me das solo esto?

Un hombre se fue a caminar por el desierto argelino y se perdió. Aunque no podía distinguir los puntos cardinales, hizo acopio de todas sus fuerzas para seguir caminando. Tenía que encontrar agua y algo para comer. Deambuló bajo un sol abrasador durante varios días, hasta que finalmente divisó una tienda a lo lejos. Con las rodillas temblorosas, se fue acercando hasta allí con dificultad y, cuando llegó al fin, imploró agua y algo de comer. El pastor de ovejas que estaba delante de la tienda, y que llevaba el traje tradicional y el turbante de los beduinos, le dijo:

—Siento no poder darte agua y alimento, pero puedo ofrecerte una corbata.

—Estoy muerto de sed y dc hambre, ¿y tú quieres darme una corbata? ¿En el desierto? —El caminante extraviado no daba crédito a lo que acababa de oír.

—Esta corbata es todo lo que puedo darte. Yo mismo no tengo ni agua ni comida, pero sé dónde te pueden ayudar. El lugar está a solo dos kilómetros de aquí, pero para conseguir agua y comida necesitas esta corbata —dijo amablemente el pastor.

—¿Me estás tomando el pelo? —gritó furioso el caminante—. ¿Qué significa lo de la corbata? ¡Hombre, estoy a punto de morir de hambre y de sed!

Tiró la corbata al suelo y con sus últimas fuerzas se arrastró dos kilómetros hasta la tienda más cercana. Al llegar, imploró de nuevo:

—Denme agua y algo de comer.

También esta vez salió un beduino de la tienda. Sin embargo, no llevaba la ropa típica de los lugareños, sino un traje negro occidental, y debajo una camisa blanca recién planchada y una corbata de moño. El caminante lo miró sorprendido fijamente.

—Aquí no se permite entrar a nadie sin corbata —dijo el hombre del traje.

—Me muero de sed y de hambre, y si no me ayuda voy a morir.

—Me temo que no puedo hacer nada por usted sin la corbata. Así son las reglas en mi tienda. He dado instrucciones a todos los pastores de ovejas en un radio de dos kilómetros para que le den una corbata a cualquier caminante que, como usted, vague por los alrededores medio muerto de sed y de hambre, antes de enviármelo. Si hubiera aceptado la corbata que mi vecino le quiso dar, ya lo habría invitado a pasar. Pero no lo hizo, y por eso ahora no hay nada que hacer. Así son las cosas, y punto.

Siempre queremos llegar a nuestro destino por la ruta más directa posible, pero si no hubiera paradas intermedias, ¿cómo podríamos descubrir toda la belleza del camino? Todo artista debe crear innumerables obras si quiere que lo tomen en serio en su campo, de la misma manera que todos los pájaros comienzan a agitar sus alas torpemente antes de elevarse en algún momento con elegancia en el aire.

Cuando tenía poco más de veinte años, estuve una vez en Busan, una ciudad portuaria del sur de Corea. Pasaba las noches en el parque o en la plaza de la estación, pero como también tenía que comer, necesitaba un trabajo. Un día vi un anuncio en un poste de luz con una oferta de trabajo que parecía adecuada para mí, así que me dirigí a la dirección indicada. Se trataba de un negocio de bolas de naftalina. Mi trabajo consistía en ir de puerta en puerta con un morral lleno hasta los topes de mercancía y vender el tóxico material.

El penetrante hedor me causó grandes problemas. Ya de niño tenía un olfato tan sensible que el mero olor de las sardinas crudas me provocaba espasmos. Llegué a temer que el hedor de las bolas de naftalina acabara conmigo antes que con las polillas. Apenas había vendido unas pocas bolsas cuando decidí buscar otro trabajo. Cada vez que huelo bolas de naftalina, todavía me veo a mí mismo medio aturdido por el desagradable olor tambaleándome por las callejuelas de Busan.

A continuación me contrataron como vendedor de helados. Para trabajar había que llevar un colorido sombrero de fiesta. Resulta fácil imaginarse cómo me sentí, yo, el estudiante de Literatura de pelo largo, con ese ridículo sombrero en el centro de la ciudad, de pie en mi puesto, cuando un literato local me reconoció al pasar...

Algo bueno tuvo todo aquello: me permitieron acampar en el pasto junto al pequeño adorno de flores frente a la estación. Ese privilegio se lo tenía que agradecer a un policía que hizo la vista gorda después de hacer un control rutinario en la estación de tren de Busanjin en el que se reveló que ambos habíamos ido a la misma universidad. También me quitó de encima a los otros indigentes, para que pudiera escribir tranquilamente; pero no pudo evitar la desesperación que me invadía cada vez que veía a las ratas aproximarse furtivamente por el pasto.

«¿Quién es Dios y por qué es tan despiadado conmigo?, ¿en qué página del libro del destino está escrito que debo sufrir todo esto?, ¿acaso alguien arrancó el resto de las páginas para que mi vida termine igual?», estas fueron las preguntas que me hice entonces.

El mundo está lleno de dificultad.
Atraviésalo a grandes pasos con paciencia,
y encontrarás un gran tesoro.
Tu casa es pequeña, mira dentro
y te revelará los secretos del mundo invisible.
Yo pregunté:
«¿Por qué solo me das esto?».
Una voz respondió:
«Porque es lo único que te llevará a lo que quieres».

Gritamos a Dios y a la vida: «¿Por qué solo me das esto?». Y una voz en *off* responde suave: «Porque es lo único que te llevará a lo que quieres». Si no escuchamos sus susurros, malgastamos nuestro tiempo manteniendo en nuestro interior disputas sin sentido con el mundo.

Un día lluvioso, un joven de Los Ángeles quería ir a San Francisco pidiendo aventón. Estuvo al lado del camino durante muchas horas bajo la lluvia, pero todos los autos que pasaban iban en la dirección contraria. Finalmente le rezó a Dios: «¡Dios mío, por favor, ayúdame a llegar a San Francisco!».

Cuando Dios lo escuchó rezar con tanto fervor, se apresuró a enviarle un auto que fuera en su dirección. El conductor se detuvo y el joven le explicó adónde iba.

—¡Esto es genial! —dijo el conductor—. Entonces puedo llevarlo hasta Monterrey.

—Yo no quiero ir a Monterrey, quiero ir a San Francisco —dijo el joven negando con la cabeza.

Incluso cuando el conductor le explicó que Monterrey estaba a dos pasos de San Francisco y que sería fácil encontrar a alguien que lo llevará luego hasta allí, el joven se negó. El conductor se fue sin él y lo dejó allí de pie bajo la lluvia. Así que ni siquiera Dios pudo ayudarlo.

El arte de hacer milagros

En inglés, un *writer* es alguien que escribe, y un *waiter* (traducido literalmente), uno que espera. Ambos se pueden aplicar a mí. Un escritor que está esperando el momento óptimo para escribir quizá no sea capaz de plasmar una sola línea sobre el papel hasta el final de su vida; también me veo reflejado en esta frase.

Antes escribía sobre todo por la noche, pero con el tiempo me ha dado por escribir a primera hora de la mañana sentado en mi escritorio. Me levanto a las cinco y media, medito veinte minutos y escribo o traduzco hasta las tres de la tarde. Soy cualquier cosa menos un escritor o traductor altamente dotado, y por eso mi trabajo me cuesta mucho esfuerzo. Hay días en los que lucho con la primera frase, o en los que me paso una mañana entera puliendo un solo párrafo en vano. Como dice el ensayista de viajes Pico Iyer: «Escribir es, en definitiva, la más peculiar de todas las anomalías: una carta confidencial a un desconocido».

Incluso cuando viajo mantengo mi rutina. Cuántas veces me he sentado en el tren a escribir por la mañana temprano, o en las escaleras del Ganges al salir el sol, o, murmurando en voz baja, en el asiento del copiloto de un camión en un viaje por el Himalaya, para mayor asombro del conductor. Si hubiera esperado a que llegara la inspiración, me habría sido imposible siquiera contar una historia. Para mí, la inspiración simplemente no es más que seguir escribiendo día tras día. Experimentar que un material fantástico sencillamente me cae del cielo es una suerte que me elude obstinadamente. No puedo dejar de sospechar que el dios de la escritura ha estado evitando mi taller y que ha preferido ir a ver a otros escritores. Si hubiera conservado todo el pelo que me he arrancado a lo largo de los años porque no se me ocurría la siguiente frase, mi cabello sería mucho más abundante.

Un corredor de maratones no corre porque le resulte especialmente fácil correr; es posible que nunca me hubiera convertido en escritor si las palabras hubieran salido con facilidad de mi pluma. Paradójicamente, escribo porque me resulta muy difícil. Podrían preguntarme con todo el derecho del mundo por qué no lo dejo si me cuesta tanto. Pero ¿qué haría entonces? Porque escribir es algo que puedo hacer mientras aún tenga una chispa de imaginación.

En una ocasión, Mark Twain, el autor que creó a Tom Sawyer y Huckleberry Finn, respondió a la pregunta de qué se necesitaba para poder escribir tan bien: «Tardé quince años en darme cuenta de que no tenía talento para escribir. Pero yo, simplemente, no podía dejar de escribir, tenía que seguir. Porque cuando me di cuenta de que carecía de talento alguno, ya había alcanzado fama mundial como escritor».

Haruki Murakami confiesa: «No importa cuántos libros escriba, nunca alcanzo mi objetivo. Eso sigue siendo cierto hoy en día, después de varias décadas».

No estoy hablando aquí de la necesidad de esforzarse. Lo que me cuesta ahora mismo es escribir de «vocación»: llevar a cabo la tarea que nos dicta el corazón. Todo en la vida es tan difícil como convertirse en monje, a menos que lo hagas solo como un pasatiempo. La escritura tampoco es un mero producto de la imaginación. Es un intento de acercarme a la verdad que, como escritor, siento en lo más profundo de mi ser. Esa parte de mí es la que tengo que sacar a la luz.

Hariprasad Chaurasia, el maestro indio de la flauta de bambú, ya era considerado leyenda viva con apenas cincuenta años. Hoy tiene ochenta y tres, y nadie le llega a la suela del zapato con su instrumento. Desde hace veinte años vuelo a la India cada año para escucharlo tocar. Una vez me encontré con él en un festival de música en Delhi y le pregunté si no iba siendo hora de que viniera a Corea. Enseguida se comprometió, y en octubre de ese mismo año actuó en Seúl y Busan.

Cuando vino a Corea fui a verlo por la mañana a su hotel y lo encontré ensayando. Había tocado toda la vida la flauta de bambú, y en reconocimiento a su mérito artístico recibió un pasaporte diplomático del Gobierno indio y la condecoración de la Orden de las Artes y las Letras que le concedió Francia. Y, sin embargo, allí estaba el maestro del instrumento ensayando incansablemente para un concierto que apenas duraba cuarenta minutos, a pesar del largo viaje que había realizado en avión desde Bombay, vía Delhi, hasta Seúl. Por mucho que le recomendé encarecidamente que descansara, mis palabras llegaron a oídos sordos.

Hace un tiempo, Hariprasad Chaurasia dio un concierto en el Instituto Indio de Tecnología de Kharagpur y tuve la oportunidad de acompañarlo. Salimos de Calcuta a primera hora de la mañana y no llegamos a nuestro hotel hasta después del mediodía. En vez de comer tranquilamente, se fue directo a su habitación y empezó a ensayar, a pesar de haber actuado en Calcuta la noche anterior. Cuando terminó su actuación, se quedó para responder las preguntas del público.

—Usted es un gran músico. ¿Puede decirnos qué lección le ha enseñado la vida? —preguntó un profesor de yoga y meditación en la escuela.

—Esforzarme incesantemente —respondió el maestro—. Perdí a mi madre a una edad muy temprana y ya de niño tenía que luchar por cada trozo de *chapati*. Además, descubrí la música relativamente tarde. Yo había sido luchador, y para comprobar si realmente iba en serio, mi profesor me hizo tocar la flauta de bambú, no por el lado izquierdo, como era habitual, sino por el derecho. Tuve que esforzarme tremendamente, hasta que me acostumbré. Pero ese esfuerzo era necesario, porque yo no soy un músico innato. Míreme, hace unos años sufrí una lesión de hombro en un accidente de auto. Hoy en día, no puedo mover bien el brazo. El hecho de que, después de todo, pueda todavía tocar mi instrumento requiere una práctica constante. Mi amigo coreano, que me ha acompañado hasta aquí, no deja de decirme que descanse. Pero seguiré esforzándome para poder tocar la flauta hasta mi último aliento. Esa es mi vocación en la vida.

El público, de pie, se lo agradeció con una gran ovación. Probablemente, el profesor que había formulado la pregunta esperaba una respuesta filosófica, algo más enfocado a la «paz interior». Aquella respuesta honesta y profundamente sincera del maestro hizo que el público aplaudiera con tremendo entusiasmo.

Como ya he dicho antes, estoy lejos de ser un escritor altamente dotado, así que por eso no estoy seguro de poder transmitir la idea que tenía en mente de una forma razonablemente comprensible. Pero me he esforzado mucho. Como dijo alguien una vez, un verdadero escritor es aquel que simplemente sigue escribiendo. Es una bendición tener algo en la vida a lo que te quieres dedicar. Sea lo que sea, representa sin duda un enriquecimiento personal. Tú y yo no somos genios. Por eso tenemos que practicar, practicar y volver a practicar, si queremos hacer milagros.

Lecciones de hindi

En mis viajes por la India aprendí algo del idioma. Podía expresar un saludo simple y conocía las pocas frases que necesitaba para regatear. Pero, con el tiempo, llegué al punto de querer aprender hindi como es debido. (Afortunadamente, el orden de las palabras en hindi y en coreano es similar, y eso me resultó de gran ayuda.) Desde el principio estaba claro quién iba a ser mi profesor: mi muy estimado amigo Sunil. Nunca desaprovechaba la oportunidad de compartir con nosotros sus amplios conocimientos, sobre todo acerca de cualquier cosa que hubiese sucedido desde los tres mil años antes de Cristo hasta la actualidad en un radio de diez kilómetros. Un día estaba yo sentado en la terraza de un café cuando vi a Sunil andando muy ufano.

—*Sunil, ab kaise hai? Thik hai?* («Sunil, ¿cómo estás? ¿Todo bien?») —le pregunté, y luego le dije en inglés que debía enseñarme hindi.

—«Está bien» (*thik hai*) y «no está bien» (*thik nahin hai*) ya sabes decirlo. ¿Qué más quieres? —me respondió.

—No, enséñame bien el hindi. Lo digo en serio.

La primera frase que Sunil me enseñó de manera condescendiente después de una prolongada súplica, y que no he olvidado después de todo este tiempo y nunca olvidaré, es esta: «Hoy estoy muy feliz». Puesto que era la única que conocía, no tuve más remedio que repetirla durante días. Apenas me la había enseñado, Sunil desapareció en un radio de diez kilómetros. Y me había prometido solemnemente enseñarme una nueva frase cada día.

Mi frase tuvo un efecto inesperado en mí. En cuanto la pronunciaba, me invadía una sensación de *masala*, de felicidad, ya fuera al pisar un excremento de vaca en la calle, cuando me servían una comida más que cuestionable en un restaurante, o cuando un vendedor de fruta me daba gato por liebre. «Hoy estoy muy feliz» se convirtió en mi lema, especialmente en aquellas situaciones en las que me sentía que se me trataba mal o en las que me creía perseguido por la mala suerte.

Es posible que los lugareños, al oírme decir mi frase, me tomaran por chiflado; por otra parte, resultó ser un método eficaz para librarme de un tipo que me seguía allá donde iba para llevarme hasta un cambista o a una tienda de recuerdos. Cada vez que aparecía, le gritaba con los ojos en blanco: «Hoy estoy muy feliz», con lo cual emprendía la huida, siempre asustado. Mirando hacia atrás, la frase «Hoy estoy muy feliz» supuso un verdadero hito en mi aprendizaje del hindi.

Pasaron varios días hasta que Sunil se plantó delante de mí en la terraza del café como caído del cielo. Sin ni siquiera pronunciar una sola palabra para explicar su ausencia o para saludarme, me dijo la segunda frase: «Sopla una maravillosa brisa».

Incluso antes de que pudiera averiguar si Sunil se había sacado la frase de la manga o si, en realidad, como afirmó con seguridad, era el resultado de varios días de reflexiones, una suave brisa que procedía del Ganges nos abanicó, y yo le dije: «Sopla una maravillosa brisa». ¡Qué gratamente sentí aquel soplo de viento! Otro hito importante en mi percepción del mundo. El viento fue de repente algo glorioso para mí, algo que nunca antes había experimentado. Para mí no había sido más que un compañero de la lluvia que no me había causado la menor impresión.

Tanto si soplaba el viento como si no, seguí diciendo mi nueva frase: «Sopla una maravillosa brisa». Alguna que otra persona que me la oyó decir levantó la cabeza para comprobar si había algo de cierto en mi afirmación, lo que me dio alas para pronunciarla más a menudo. Y marcó todo mi viaje de otra manera, porque a partir de entonces añadí la palabra «maravilloso» a todas mis frases.

«¿No es un árbol maravilloso?».

«¡Acaba de abrir una tienda maravillosa!».

«¡Un puesto de fruta maravilloso con tanta fruta maravillosa!».

«¡Ahí viene el maravilloso Sunil!».

«¿No es maravilloso estar aquí?».

De repente todo me parecía maravilloso: todos los árboles y todas las tiendas, el frutero que engañaba con su balanza, Sunil, que no era precisamente un modelo por su atractivo, y, de hecho, todo mi viaje.

Además, desde que aprendí la palabra, la iba encontrando en mi vida cotidiana a cada paso que daba, como si el mundo acabara de inventarla: una palabra que siempre había existido, solo que yo nunca antes la había escuchado. Visto así, en cierto modo, había sido analfabeto en muchos aspectos. Había crecido con mi lengua materna y todo mi pensamiento se desarrollaba en ella. Por desgracia, muchas palabras habían degenerado en pura retórica y, como siempre que eso ocurre, se pierde algo precioso.

Sabemos por la psicología que no solo la mente consciente, sino también el inconsciente, influyen en nuestra elección de las palabras, y estas a su vez conforman nuestra visión de las cosas. Si reprimimos nuestros sentimientos o tendemos a ser pesimistas, es más probable que recurramos a formulaciones negativas que a positivas. Si estamos inconscientemente tristes o enojados, proyectamos esas emociones hacia el exterior.

Mientras peor pronunciaba, aunque con mayor convicción, mi nuevo vocabulario de hindi, pude experimentar en mi propia carne cómo, al contrario de lo que podamos creer, nuestra elección de palabras determina cómo pensamos y sentimos y cambia nuestra visión de las cosas. A medida que mi lengua se iba acostumbrando al idioma extranjero, vi cómo se ampliaba mi comprensión y mi percepción del mundo.

«Hoy es un nuevo día».

«Me espera una nueva felicidad».

«Mi corazón está lleno de nuevas esperanzas».

«Hoy Sunil está como nuevo».

¿Es posible que el lenguaje influya en nuestro estado de ánimo? ¿Y también en nuestra lengua materna? El mundo es como lo percibimos. No lo que vemos, sino cómo lo vemos, no lo que oímos, sino cómo lo oímos, y no lo que sentimos, sino cómo lo sentimos, configura nuestra vida.

La última frase que me enseñó Sunil antes de mi partida fue esta: «*Mause Sunil bahut pasand hai*». «Quiero mucho a Sunil».

Mi alumno favorito

De vez en cuando la gente me pide que imparta clases de meditación. Les gustaría ser mis alumnos. Sin embargo, no tendría ningún sentido aceptar más alumnos cuando ni siquiera puedo enseñar correctamente al único que tengo. El destino nos unió, y lleva muchos años yendo a la escuela conmigo sin ningún progreso digno de mención. A veces se hunde en un mar de pensamientos, y a veces vuelve a emerger, en días alternos. Cuando creo que por fin va a subirse a la cresta de la ola, es arrastrado inmediatamente hacia la profundidad, remando con pánico con los brazos. Me pregunto seriamente cómo va a atravesar el gran mar de la vida.

Me llevé a mi alumno a la India y al Himalaya, corriendo con los gastos, visité con él los más diversos centros de meditación y le presenté a todos mis maestros. ¿Pero qué conocimientos adquirió? ¿Ha entendido algo? ¡No tengo ni idea! Quiere descubrir a toda costa los misterios más allá del mundo que conoce, pero por desgracia parece carecer de cualquier tipo de talento para encontrar el camino que debe seguir. Me pregunto, ¡santo cielo!, cómo es que justamente yo he llegado a tener a este alumno, con lo espiritual que soy. A veces pienso que debe de ser algo kármico.

El mayor problema que tiene mi alumno es la gestión de sus emociones. No las controla, sino que son ellas las que lo controlan a él. Sus pensamientos lo tienen atrapado y lo arrastran, incluso en sueños, de un lado a otro. Siempre tiene que poner algo en duda y analizarlo, por eso sigue posponiendo una y otra vez la vida que realmente quiere vivir. Sin embargo, nada le sale según lo previsto, sobre todo porque sus cálculos son más que imprecisos. Debido a su incesante monólogo interior, se pierde lo realmente importante. ¡En eso es el mejor del mundo! Puede que en su mente siempre tenga la maza y el hierro en la mano para forjar su fortuna, pero lo único que forja (con arte, eso sí) es su propio sufrimiento. Simplemente no consigue dejar de lado las cosas que no puede cambiar.

Realmente domina de forma manifiesta el arte de distinguir entre lo bueno y lo malo, entre lo bello y lo feo, lo correcto y lo incorrecto, lo simpático y lo antipático. En eso es un experto. Si dieran un Premio Nobel por juzgar las diferencias, lo habría recibido hace mucho tiempo. Una mirada le basta para saber si es árbol o rosa, mujer u hombre, positivo o negativo, interesante o aburrido, etcétera. Aunque juzga a los demás por sus acciones, lo que cuenta para él es solo la intención, y en eso se da a sí mismo una puntuación alta. No pocas veces tengo la tentación de darle un buen coscorrón. ¡Es imposible!

También es notable su capacidad para evadirse del momento presente. Es extraordinariamente hábil para perderse en pensamientos y en hacer del aquí y ahora una mera quimera. Se sienta en el autobús sin estar en el autobús, y camina por la playa sin estar en la playa. Es como si contemplara el mundo a través de unos binoculares puestos al revés.

Sin embargo, su mayor talento reside en su capacidad para identificarse con las cosas. Hace suyos los pensamientos o las emociones en cuestión de segundos. Se aplica los elogios y las críticas inmediatamente a sí mismo, lo que le hace perder el rumbo. Todo lo que le ocurre al cuerpo humano (nacimiento, vejez, enfermedad y muerte) no es más que un cambio físico, pero él piensa que es él mismo quien nace, envejece, enferma o muere. No entiende que el ser humano no es libre hasta que no se toma nada como algo personal, y por eso su mente se agita como un pez fuera del agua, una y otra vez.

Es un experto en crear problemas donde no los hay, olvidando los momentos de felicidad y almacenando los malos recuerdos como un tarro de miel. Pasa por alto el hecho de que es él mismo quien asimila el «mal tiempo» de afuera y hace de ello un «mal día». También malinterpreta la felicidad como un estado de ausencia total de infelicidad. No acepta que exista la felicidad pura sin al menos una pizca de infelicidad, ni que el arte de ser feliz consiste en asumir con amor la infelicidad. Y así, su búsqueda de la felicidad resulta siempre en vano.

«¿Seré feliz si me doy el gusto de comer esta comida?».

«¿Seré feliz si tengo x o si conduzco un auto de la marca y?».

«¿Seré feliz si esta persona me ama?».

«¿Seré feliz si me convierto en un experto en meditación o si domino perfectamente el yoga?».

Cuando lo veo subir incansablemente una escalera apoyada en la pared equivocada, verdaderamente siento lástima por él.

No obstante, hay esperanza incluso para él. ¿No fue el propio Buda quien dijo: «Soy débil, realmente débil, indescriptiblemente débil»? A partir de esa debilidad se embarcó en su gran viaje espiritual y lo llevó a término. No dudo ni por un momento que la debilidad de mi alumno encierra un potencial de posibilidades ilimitadas. Avanzar paso a paso contigo mismo y con tu propia falta de voluntad es el ejercicio más valioso en la vida. Mi único y al mismo tiempo más querido alumno es, como ya se habrá dado cuenta el lector, mi propia mente débil.

La torre de piedra de C. G. Jung

A la edad de cuarenta y siete años, C. G. Jung construyó una torre circular de piedra en un pequeño terreno en Bollingen, a orillas del lago de Zúrich. Tras la ruptura con Freud, que en su día lo había nombrado su príncipe heredero, había perdido el rumbo tanto de su trabajo como de sus emociones. Después de que Freud rompiera su amistad con él, Jung le hizo saber que le era imposible mantener su colaboración, tras lo cual sus amigos y conocidos le dieron la espalda y su libro fue declarado «basura». Para él, sin embargo, se trataba de una cuestión de principios, y por lo tanto defendió sus convicciones.

La construcción de la torre de piedra marcó el comienzo de una nueva vida para Jung. A lo largo de los años, amplió varias veces el sencillo plano inicial y, poco a poco, se creó un espacio sagrado en el que podía desarrollar su mundo interior, un «lugar de concentración espiritual». Allí encontró la paz y recobró la fuerza. Pasaba varios meses al año en aquel lugar, grabando caracteres gráficos en la mampostería y pintando mandalas que simbolizaban la iluminación espiritual. Al mismo tiempo, redactaba escritos sobre su análisis de los sueños y trabajaba en sus ideas. En su torre de piedra vivía primitivamente en una especie de estado primordial alejado de la civilización. Se abstuvo de instalar suelos de madera y de poner alfombras, y dejó el desigual suelo de piedra como estaba. Quería estar lo más cerca posible de la tierra. Todo lo hacía él mismo, e incluso traía las papas del campo.

«Renuncio a la electricidad. Prendo mi estufa y mi horno con mis propias manos, y por las noches enciendo las lámparas de petróleo. Tampoco hay agua corriente, así que bombeo a mano. Corto leña y preparo mi comida. Estas actividades sencillas hacen a las personas sencillas; y ¡qué complicado es ser sencillo!».

Jung se levantaba a las siete de la mañana y saludaba a la olla y al sartén. Se tomaba bastante tiempo para preparar el desayuno, que consistía en café, pan, embutido y fruta. Todas las mañanas escribía durante dos horas. Pasaba las tardes pintando o meditando, dando paseos por los alrededores y lidiando con la correspondencia. A las diez de la noche se acostaba.

Para Jung, la torre no era simplemente un lugar donde podía retirarse del mundo y encontrar la tranquilidad, sino un espacio libre en el que podía concentrarse en su trabajo. Su principal tratado de psicología, *Recuerdos, sueños, pensamientos*, lo escribió en esta construcción extremadamente sencilla. Durante la semana atendía a numerosos pacientes en su consulta de la Universidad de Zúrich, recibía visitas y resolvía lo que tuviera que resolver. Pero los fines de semana siempre volvía al lago, donde él mismo cuidaba de la casa y se entregaba a la vida sencilla que ese lugar le ofrecía. Aparte de su viaje a la India, con el que cumplió un sueño, y de su viaje a América, en el que exploró la cultura de los indios pueblo, la mayoría de sus obras fueron creadas en este edificio de piedra, al que llamó simplemente «Torre».

«En ocasiones siento como si fuera parte del paisaje y de las cosas, y que vivo en cada árbol, en el batir de las olas, en las nubes, en los animales que van y vienen, y en los objetos. No hay nada que haya surgido y se haya desarrollado en la Torre a lo largo de las décadas con lo que no esté conectado».

La palabra latina *refugium* significa 'refugio' y 'cobijo'. Originariamente se refería al lugar al que los animales y las plantas se retiran cuando ya no pueden sobrevivir en su hábitat, como, por ejemplo, cuando se iniciaba una era glacial. Es un lugar en el que puedes preservar tu naturaleza esencial. Como centro de su vida apacible y creativa, la Torre representaba para Jung un refugio en el sentido literal de la palabra. A una edad avanzada, al recordar el tiempo que pasó allí, decía que sus logros científicos habrían sido impensables si no se hubiera entregado regularmente a aquella vida sencilla.

«En Bollingen estoy en mi más verdadera esencia, en lo que a mí respecta. Aquí soy, por así decirlo, el "ancestral hijo de la madre"».

Como vemos en el ejemplo de Jung, un refugio es más que un lugar para descansar. Hay una cierta distancia entre nuestra alma y el mundo, y la mayoría de los lugares no cumplen con ninguna otra finalidad que vaya más allá de su propósito previsto. Pero si hay uno al que nos sentimos atraídos una y otra vez, porque allí la distancia entre nuestra alma y el mundo se acorta y no nos vemos como si existiéramos solo en la superficie o como algo ajeno, entonces hemos encontrado nuestro refugio.

Pasé varios veranos en Ladakh. Mi amigo indio Rikjin Chubi puso a mi disposición una habitación en el primer piso de su casa y, de ese modo, me hizo un gran regalo. La casa se había construido según la antigua tradición de los ladrillos, cuyo barro procedía del río Indo. En mi habitación había una cama de madera, un escritorio y una silla. La silla y la mesa las había comprado Rikjin especialmente para mí, para que pudiera escribir. Al abrir la ventana por las mañanas veía, con el Himalaya nevado como telón de fondo, los pequeños aviones que despegaban y aterrizaban en el diminuto aeropuerto en lo profundo del valle. Por la tarde, debido a las fuertes ráfagas de viento, no podían llegar.

Incluso varios días después de mi llegada, la falta de oxígeno a esa altitud me seguía afectando, pero eso no me impedía caminar por las mañanas los diez minutos que había hasta la panadería para comprar pan árabe: los panes se cocían en un horno de barro redondo pegándolos al techo en su interior. Eran baratos y estaban deliciosos. Los comía con mermelada casera de chabacano preparada por la mujer de Rikjin y las acompañaba con un té de mantequilla. En el pueblo vivían unos cuantos musulmanes, y prácticamente siempre me encontraba con la misma gente en la panadería. Nos saludábamos con una inclinación de cabeza cuando estábamos de pie en la cola todos juntos, porque yo no hablaba más que unas pocas frases en ladakhi.

Después de desayunar iba al templo budista, que estaba situado en una colina al otro lado de la calle. Allí simplemente me sentaba o paseaba por los alrededores durante una o dos horas. Después me duchaba con el agua del deshielo que se precipitaba con fuerza por el arroyo, me sentaba en la azotea al sol y leía un libro o escribía un poco. Por la noche me preparaba *chutagi*, un plato sencillo de la cocina tradicional ladakhi. De vez en cuando también me invitaban a cenar los lugareños.

Una vez a la semana visitaba uno de los pueblos de los alrededores. Oscurecía temprano, así que me acostaba como muy tarde a las nueve. No había televisión, e incluso apenas usé el teléfono, pero no me faltaba de nada.

Una vez pasé un invierno en Dharamsala, en el norte de la India, el lugar donde vive el dalái lama. Normalmente está lleno de peregrinos budistas y turistas de todo el mundo, pero en el gélido invierno en lo alto de la montaña vuelve el silencio. Subí los trescientos escalones hasta Dharamkot y, al ver el magnífico y soleado lugar, decidí alquilar una habitación allí.

Con el paso del tiempo, el turismo también ha llegado a este pueblo, pero en aquella época no había ni un solo albergue o siquiera un café, solo algunos edificios residenciales. Reinaba un silencio maravilloso. Por las mañanas bajaba los trescientos escalones, compraba en una posada un pan tibetano llamado *balep*, y por la tarde calentaba el horno de barro y me preparaba el *thukpa*, un sencillo plato de fideos tibetano. Mi casera me daba hojas de menta secas para el té, y mientras lo bebía, observaba cómo las estrellas empezaban a brillar en el cielo (en Dharamkot se ven muchas estrellas) y cómo se encendía una luz tras otra en las casas de las laderas, como si se tratara de una señal.

Mi habitación no tenía calefacción, y por las mañanas tenía que estar fuera, al sol, para calentarme. Los monos y los loros verdes también se unían a mí para recobrar temperatura. En los días que hacía buen tiempo subía más lejos y disfrutaba de la vista de la nieve endurecida. Mis ojos se abrían más rápido que el objetivo de mi cámara. En los alrededores de mi hospedaje había muchas rutas de senderismo y me encantaba dejarme seducir por ellas. Dediqué cierto tiempo a escribir cada día. La estancia apenas mc costó dincro.

La vida sencilla y la comida sencilla me hicieron una persona sencilla, y esa sencillez me acercaba más a mí. A otros no les hubiera servido de nada tal existencia, pero a mí me llegaba a lo más profundo del alma. Había cancelado todos los asuntos y citas que no eran indispensables, y estaba reviviendo por dentro. El lujo puede crear cultura, pero la sencillez crea el espíritu. En Dharamsala visité muchos templos, contemplé innumerables estatuas dedicadas a deidades y descubrí el lugar sagrado dentro de mí.

En *Recuerdos, sueños, pensamientos*, Jung escribe: «Uno se precipita desenfrenadamente a lo nuevo empujado por un creciente sentimiento de insatisfacción, descontento y desasosiego. Ya no se vive de lo que se posee, sino de promesas, ya no se vive a la luz del presente día, sino en las tinieblas de un futuro en que se espera el auténtico amanecer. No se quiere aceptar que todo lo mejor se adquiere a costa de algo peor. La esperanza de una mayor libertad se ve frustrada por un aumento de la esclavitud hacia el Estado, para no hablar de los terribles peligros a los que nos exponen los más brillantes descubrimientos de la ciencia». Jung estaba convencido de que las mejoras y el progreso no aumentarían en absoluto el bienestar, la satisfacción o la felicidad en general: «En la mayoría de los casos se trata de maneras superfluas de endulzar la existencia, como las medidas de acortamiento del tiempo, que aceleran por desgracia el ritmo y de este modo nos dejan menos tiempo que antes». En su Torre de Bollingen, continuaba Jung, era como vivir hacía cientos de años, y lo único nuevo para un hombre del siglo XVI era la lámpara de petróleo y las cerillas.

¿Dónde puedes encontrar un lugar así? ¿Un lugar que te pertenezca solo a ti y donde puedas meditar y respirar profundamente? Ya sea una construcción de piedra, un bosque de abetos o una playa apartada, es importante retirarse allí con regularidad para que descansen nuestros sobrecargados sentidos y nos podamos centrar en nuestra alma. Es una salida y una entrada al mismo tiempo. En nuestro refugio dejamos de ser otro y no somos más que nosotros mismos. En la vida cotidiana desperdiciamos demasiado tiempo ocultando nuestra verdadera cara. En nuestro lugar de retiro no necesitamos fingir por el bien de los demás. Protegida del mundo exterior y de su ruido, nuestra alma encuentra refugio y nos liberamos de las exigencias que nos imponen por todas partes.

Y en ese mismo momento se abre un espacio sagrado dentro de nosotros. Es un momento de sabiduría y confianza. Un momento en el que el hielo de nuestro interior se derrite. Aquí es donde conectamos con nuestra fuente de poder y renacemos. Somos como un capullo que hasta entonces ha estado fuertemente cerrado y que ahora se abre y aspira su propia fragancia, ya que, como escribió Elisabeth Apel, «el riesgo de permanecer en el capullo se volvió más doloroso que el riesgo de florecer».

No eres perfecto, pero puedes regalarme una rosa perfecta

Estaba a punto de graduarme en la escuela cuando de repente me dio un dolor de cabeza tan terrible que tuve que ir al hospital. Estuve allí un mes, pero a pesar de que me llenaron la cabeza con electrodos para medir mis ondas cerebrales y de que me hicieron un agujero en la columna lumbar con una aguja para tomar una muestra de líquido cefalorraquídeo, no pudieron encontrar ninguna explicación a mis síntomas. El hecho de que finalmente me ingresaran en el Departamento de Psiquiatría no solo tuvo que ver con los dolores de cabeza, sino también con los pensamientos que me atormentaban y con las cosas que a veces hacía y que ni siquiera me parecían plausibles (por ejemplo, cortar a lo largo la gorra que teníamos que llevar los alumnos como parte del uniforme escolar para que sobresaliera la coronilla a causa de mi dolor de cabeza).

Sin embargo, entre los perturbados mentales, yo parecía bastante cuerdo. Un hombre que había suspendido los exámenes estatales de acceso a la abogacía se presentó como juez y me llamó «señor abogado». Otro vio en mí a un infiltrado de una agencia de información que había sido enviado para vigilarlo. Varias veces al día intercambiaba los papeles.

Unos días después de mi ingreso tuve mi primera sesión de terapia con un psiquiatra, que a la vez era el director del centro. No recuerdo exactamente de qué trató la sesión, pero lo que me dijo el hombre al final no lo olvidaré nunca.

—Tú no eres normal —consideró mirándome al mismo tiempo directamente a la cara.

Cuando mi tutor de curso me había dicho que yo no era normal, mientras me golpeaba la cabeza con la gorra del colegio, no me había conmovido demasiado. Pero cuando un psiquiatra con bata blanca me dijo las mismas palabras con tal énfasis, se me llenaron los ojos de lágrimas. Justo estaba a punto de girar la cabeza hacia un lado para no mostrar mi punto débil, llorar delante de él, cuando añadió:

—Pero tampoco eres realmente anormal. Por eso no es necesario que te quedes aquí más tiempo.

En ese momento brotaron las lágrimas de mis ojos. Gracias a un buen médico, sin el cual podría haber vivido hasta el final de mis días con una personalidad desdoblada entre abogado y agente infiltrado, me dieron de alta ese mismo día, hice todo lo posible para obtener mi título de bachillerato y, por fin, pude comenzar mis estudios universitarios de Filología Coreana.

Durante una estancia en un *áshram* indio llegué a estar al borde de la desesperación ante el incesante aluvión de pensamientos que provenían de mi inconsciente. Aprendí entonces que cuando la locura se apodera de uno se pierde peso rápidamente. Vagué sin rumbo durante un tiempo por los alrededores, y cuando volví al *áshram* estaba en los huesos. Quiso la fortuna que un amigo mío coreano que normalmente vivía en América estuviera allí en ese momento, y me llevó a una higuera de álamo, bajo cuya sombra nos sentamos.

—¡Estás loco! —dijo el amigo abrazándome y pasándome la mano por la espalda—. Pero no te preocupes, totalmente loco no estás.

El abrazo, pero sobre todo sus palabras, me ofrecieron consuelo y fuerza. ¡No estaba «totalmente loco»!

¿Qué puede ayudarnos en los momentos de inestabilidad mental? Probablemente frases como estas: «No eres normal, pero tampoco eres completamente anormal. Sí, es verdad, tienes muchos problemas, pero tienes un gran talento: ¡eres maravilloso creándote problemas a ti mismo! Así que no estás completamente perdido». Lo que no conduce a nada son los ánimos bienintencionados del tipo: «Eres normal, no tienes en absoluto ningún problema». Si miro mi propia historia, hace falta algo de creatividad para cortar una gorra a lo largo y dejar que el pelo cuelgue. Y además, ¿quién está completamente a salvo de tener la impresión de estar un poco loco a veces? Los que necesitan reconfortarse obsesivamente a sí mismos con frases como «No tienes ningún problema. ¡Tienes toda la razón!» tienen, en el fondo, un serio problema.

Tal vez sería mejor que nos dijéramos lo siguiente: «Puede que seas un poco raro, pero si sientes que realmente no perteneces a ningún sitio, no es del todo malo. Puede que estés loco, pero hay personas que sacan su verdadera fuerza precisamente de su locura. Estar un poco loco puede ser útil a veces, y ser normal no es necesariamente algo de lo que haya que estar especialmente orgulloso».

El monje coreano Sungsan Sunim, que vive en América, se dispuso a responder a las preguntas del público en un acto celebrado en el templo de Cambridge, cerca de Boston. Un joven de la última fila pidió la palabra y soltó tales tonterías que los presentes se agitaron bastante. Todos volvieron la cabeza hacia el orador.

Sungsan Sunim lanzó una mirada tan penetrante por encima del borde de sus lentes al joven que la sala quedó en silencio al instante. Se inclinó un poco hacia delante y exclamó en un tono estruendoso:

—¡Estás loco!

Todo el mundo, impresionado, contuvo la respiración. Incluso los discípulos de Sungsan Sunim, que estaban allí sentados, estaban desconcertados. A alguno le hubiera gustado tirar al maestro de la manga para susurrarle: «Puede ser que el hombre esté loco, pero hablarle en ese tono en un acto público no es aceptable». Eso era exactamente lo que todos estaban pensando en secreto.

Sin embargo, Sungsan Sunim no había terminado con su discurso. Tras una pausa de unos segundos, que al público le pareció una eternidad, continuó:

—Pero... —dijo, y volvió a hacer una pausa—, ¡no completamente loco!

Todo el mundo respiró aliviado e inmediatamente el ambiente se relajó. Volvió una sensación de calma que también se apoderó del joven, que, aunque «loco», no estaba «completamente loco». Sungsan Sunim no se rindió ante nadie. Jon Kabat-Zinn, profesor emérito de la Facultad de Medicina de la Universidad de Massachusetts, en Worcester, y uno de sus alumnos, lo explica así: «La idea que Sungsan Sunim quería transmitir es que debíamos aceptar nuestra locura con la cabeza en alto y abrazarla con compasión para reunir el valor necesario que nos permita encontrar el camino de vuelta hacia la perfección espiritual. Podemos convertirnos en alguien que ha superado su propia debilidad asumiéndola como realmente es y llamándola por su nombre. Solo entonces ya no necesitaremos dejarnos engañar por ella y nos acercaremos a nuestra propia plenitud».

Anhelamos que alguien nos ame incondicionalmente, que alguien nos diga: «No eres perfecto y nunca lo serás, pero eres hermoso». Nos alegraríamos sobremanera si esta voz proviniera de nuestro interior. Incluso alguien que no es perfecto puede regalar una rosa perfecta. ¡Qué lindo pensamiento!

3

Las palabras «cavar» y «plantar» describen una acción similar, pero su significado es radicalmente diferente. Hay momentos en la vida en los que nos sentimos enterrados en la más absoluta oscuridad. Pero en realidad estamos plantados en esa oscuridad. Nuestro sentido del oído y del olfato se agudiza, y echamos raíces para que, cuando llegue el momento, broten y florezcan, para que cobren vida. Puede que a veces sintamos que el mundo de ahí fuera nos ha enterrado vivos, pero en nuestras manos está convertirlo en estar plantados. Aceptemos este estar plantados... ¡y nuestro sufrimiento actual no será el final de la historia!

De cavar y plantar

En el vigésimo cuarto otoño de mi vida, alquilé una habitación cerca de la universidad. Se encontraba en un edificio de oficinas de cuatro plantas bastante envejecido, y las ventanas del hueco de la escalera estaban parcialmente destrozadas. Mi casero tenía alquilada una planta entera del edificio que había reformado como departamento y vivía allí con su familia. Así que me despedí de mi hospedaje temporal, el viejo cobertizo a orillas del río Han, y me mudé a la casa de aquella gente como inquilino.

Después de apilar mis libros a lo largo de la pared, solo me quedó espacio suficiente para tumbarme, pero podía vivir con ello, ya que la habitación me ofrecía vistas a la calle y, sobre todo, era muy barata. Además, ahora vivía muy cerca de la universidad, lo que hacía un poco menos probable que no acudiera a las clases. Ya había tenido que repetir un semestre, lo que significaba que me expulsarían de la universidad inevitablemente si volvía a faltar.

Mi casero era un tipo agresivo. Ya el primer día fui testigo de cómo él, completamente borracho, le gritaba a su mujer y a su hija, las maldecía e incluso llegaba a los golpes. Yo solo tenía veinticuatro años, pero ya había pasado un año sin hogar y había sobrevivido a una inundación en un cobertizo junto al río. Así que ¡un tipo así no debería asustarme!

Ojalá esto hubiera sido cierto. ¡Me temblaban las rodillas solo de pensar en aquel hombre! Y no era de extrañar: era grande y fuerte, y lanzaba cualquier objeto que tuviera a mano. Sigilosamente, con el corazón palpitante, avanzaba a hurtadillas hasta el baño y volvía a mi habitación.

—¡Oye, tú! —Sin llamar, abrió de un golpe la puerta de mi habitación—. Mi baño está prohibido para ti. ¡Te he alquilado una habitación, no un baño!

¡Qué ganas de fastidiar! ¡No podía estar hablando en serio!

—Le he alquilado una habitación. Es evidente que el uso del baño también está incluido. ¡Si mantiene esa actitud, dejo la habitación y tendrá que devolverme mi dinero! —con estas palabras le planté cara valientemente. O, como ya he dicho, eso me hubiera gustado... Por supuesto, me tuve que tragar el discurso. Mantenerme cortés pasó a ser mi táctica principal. Lo que ocurrió a continuación fue una lucha por la supervivencia en busca de soluciones a un fenómeno puramente biológico, no como estudiante de Literatura, sino como ser humano. El único baño del que podía disponer ahora era el del Hospital Universitario, a unos setecientos metros de distancia.

Normalmente llegaba allí en diez minutos como máximo, pero para alguien que tiene que ir al baño urgentemente, setecientos metros pueden convertirse en una distancia increíblemente larga. Me sucedía una y otra vez lo de tener que salir corriendo en una situación de necesidad desesperada cuando, por ejemplo, estaba disfrutando de una lectura fascinante y apuraba al máximo el tiempo. Y a veces después de medianoche, cuando apenas había un alma en la calle. Si alguien me hubiera cronometrado, me habría ofrecido en el acto una plaza en el equipo olímpico de relevos de velocidad. Que lloviera o nevara, eso era lo de menos.

Estuve medio año viviendo en aquella habitación. Durante ese tiempo, estuviera donde estuviera, siempre iba al baño antes de volver a casa. Aun así, desarrollé una especie de neurosis obsesiva que, sin excepción, me hacía salir de la cama a medianoche o al amanecer, lo que significaba que tenía que ir al baño de la unidad de cuidados intensivos. Uno de mis profesores, al que me encontré un día en la entrada a esas horas tempranas, me gritó para saludarme y para hacerme una pregunta. Pero pasé corriendo junto a él sin decir nada. Todavía me pregunto hoy si por eso me suspendió el siguiente examen. ¿Pero qué otra cosa podía haber hecho? ¡Era una emergencia! Interponerse en mi camino de esa manera no era, al fin y al cabo, la mejor de las ideas. Bueno, hay que admitir que la mayor parte de la culpa fue mía, ya que me había saltado las clases de su seminario muchas veces.

Tenía veintitantos años. Era la época en que devoraba las novelas existencialistas de Camus, en que me sumergía en el concepto de superhombre de Nietzsche y en que, con el lápiz preparado, disfrutaba de las obras de Bachelard; la época en que me sentaba solo entre cuatro paredes frente a una vela encendida y juraba dedicar mi vida exclusivamente a la literatura, y aspirar solo a las cuestiones existenciales no influenciadas por el mundo exterior. Y era entonces cuando la realidad me atrapaba y me dejaba hecho trizas con la ridícula necesidad de ir al baño. ¿No ansiaba un planeta puro y hermoso? Se supone que debía estar por encima de algo como las evacuaciones intestinales...

Lo que sí puedo decir con la cabeza bien en alto es que siempre llegué a tiempo. Gracias a esta circunstancia, todo siguió siendo de alguna manera soportable, y mi alma no sufrió ningún daño importante. Hoy, cuando lo pienso, me río, aunque en aquel momento me parecía terrible y me quejaba amargamente ante Dios. En realidad, en este punto quería haber escrito sobre la obra de la Divina Providencia, pero ahora me falta una transición adecuada. ¿Qué Divina Providencia podría haber estado involucrada en esta historia? De todos modos, en lo que quería hacer hincapié era en esto:

Las palabras «cavar» y «plantar» describen una acción similar, pero su significado es radicalmente diferente. Hay momentos en la vida en los que nos sentimos enterrados en la más absoluta oscuridad. Pero en realidad estamos «plantados» en esa oscuridad. Nuestro sentido del oído y del olfato se agudiza, y echamos raíces para que, cuando llegue el momento, broten y florezcan, para que cobren vida. Puede que a veces sintamos que el mundo de ahí fuera nos ha enterrado vivos, pero en nuestras manos está convertirlo en estar plantados. Aceptemos este estar plantados... ¡y nuestro sufrimiento actual no será el final de la historia!

Me gusto más a mí mismo cuando estoy contigo

Una científica pasó un año en la Reserva Navajo, al suroeste de Estados Unidos, como parte de su investigación para su tesis doctoral. Vivió con una familia indígena en su *hogan*, comió y trabajó codo a codo con ellos y, de este modo, participó en la vida cotidiana de la tribu.

Aunque la abuela de la familia apenas sabía hablar inglés, ella y la visitante fueron estrechando lazos con el tiempo y surgió una profunda amistad. Bien es cierto que no hablaban el mismo idioma, pero encontraron otro que ambas conocían a fondo: el lenguaje del amor y la comprensión.

Cuando llegó el momento, la tribu organizó una fiesta de despedida para la investigadora. La gente le había tomado cariño, y todos estaban tristes por verla marchar. Ya estaba sentada en la camioneta y a punto de partir cuando vio que la abuela de la familia que la recibió se acercaba a toda prisa. Llorando, sujetó con sus manos curtidas por el tiempo y el clima las mejillas de la joven investigadora, la miró a los ojos y le dijo en su inglés entrecortado: «Me gusto más a mí misma cuando estoy contigo».

Supongo que no seré el único que siente envidia de la relación entre estas dos mujeres. Aunque sus vidas habían transitado por caminos completamente diferentes, se entendían entre ellas de una forma muy profunda, y gracias a ello aprendieron a apreciarse más a sí mismas.

La investigadora había llegado con la misión de estudiar el modo de vida de los navajos desde un punto de vista científico y objetivo. Pero la gente la cobijó por encima de todas la barreras lingüísticas y culturales; y ella, a su vez, aceptó ese intercambio y se convirtió en una más de ellos.

El amor, la comprensión y la compasión nos permiten relacionarnos recíprocamente con todo nuestro corazón y estar cerca de lo interior, de manera que nuestra relación se desarrolla más allá del nivel de la amistad y se convierte en una relación mental y espiritual.

En la India me convertí en discípulo de Sukhdev Babaji, porque tenía un pelo impresionantemente largo y porque siempre fue sincero conmigo. Mientras que la mayoría de las personas finge o actúan con exagerada autenticidad en presencia de otros, no percibí nada artificial en mis encuentros con Sukhdev. Era amable, pero no se esforzaba lo más mínimo por complacerme.

Por eso no tuve la sensación de que tuviera que fingir ser alguien que no era o de tener que someterme ante él para dar una mejor imagen. Cuando me sonreía, me sonreía de verdad, y cuando me daba una cordial bienvenida, lo hacía de corazón. Por las mañanas nos sentábamos a menudo en la orilla del Ganges, y cuando estábamos juntos, Sukhdev estaba completamente conmigo. Su mente, a diferencia de la mía, no divagaba continuamente. Estaba libre de intenciones y expectativas hacia mí. Si eso no es amor, ¿qué es?

Una vez hicimos una pequeña excursión a un lugar histórico. Yo llevaba mi vieja cámara y se me cayó el disparador al suelo. Mientras yo empezaba a mirar por los alrededores con poco entusiasmo, Sukhdev buscaba con atención en el suelo a la vez que sostenía con ambas manos su pelo de dos metros de longitud enroscado en una corona en la parte superior de la cabeza. Cuando por fin encontró el botón plateado en un trébol, se alegró más que yo. En broma, sugerí que, ya que estábamos ahí, buscáramos un trébol de cuatro hojas. A Sukhdev no era necesario que le dijeran las cosas dos veces. Como un niño, se sentó enseguida en la hierba y se pasó media hora peinándolo tallo a tallo. Todo el tiempo sostenía su mata de pelo, que llevaba envuelta en un turbante rojo cuyo volumen superaba varias veces el de su cabeza. Todavía a veces veo las fotos que hice entonces. Nunca me dio una lección o un consejo, pero me felicitaba sinceramente y con gran placer cuando le contaba que iba a publicar un nuevo libro o que tenía que celebrar un pequeño éxito. Así es como él consiguió que yo me gustara a mí mismo. Encontrarse con un maestro así es para un discípulo torpe e impertinente como yo una gran suerte.

¿Qué me dio mi maestro además de amor? Sinceridad en el trato mutuo y un profundo intercambio espiritual. Sukhdev Babaji ya no se halla entre nosotros, pero encendió una llama en mí. Estar ahí para el otro con toda nuestra atención en lugar de juzgarlo es más valioso que todos los conceptos y conocimientos.

Si nos gusta una persona y queremos estar con ella, no es principalmente por el afecto que sentimos por ella, sino porque nos gustamos a nosotros mismos y estamos más cerca de nosotros en su presencia. Si, por el contrario, mantenemos instintivamente la distancia con una persona o evitamos el contacto, suele ser porque no nos gustamos a nosotros mismos cuando estamos con ella.

¿Tienes la suerte de tener a alguien que te diga: «Me gusto más a mí mismo cuando estoy contigo»?

¿Quién soy yo cuando nadie me observa?

«¿Quién soy yo?» La respuesta a esta pregunta no se encuentra en los principios o actitudes que mantenemos ante los demás, sino en cómo nos mostramos en los momentos en los que nadie nos observa. Son los pequeños gestos y comportamientos, a menudo inconscientes, los que marcan el ritmo de nuestro cuerpo. En ellos se revela cómo es nuestro interior y en qué dimensión nos movemos.

En una de las editoriales que publican mis libros hubo un cambio en el departamento de edición, y se acordó que la «nueva chica» viniera a verme a casa. Y precisamente el día que teníamos que reunirnos llegué a casa más tarde de lo previsto. Para cuando llegué, la mujer ya se había familiarizado con mi perro, es más, los dos se habían hecho amigos. Normalmente, a *Curiosidad* (así se llamaba mi perro) no le gustaban los extraños. Debía de tener alguna habilidad mágica, porque se tumbó de espaldas delante de ella para que le rascara la barriga. Cuando yo llegaba a casa, ni siquiera meneaba la cola. ¡Algo no funcionaba!

Cuando la editora vino a verme por segunda vez, tuvo que esperar de nuevo un poco, porque tenía que terminar rápidamente un manuscrito para ella. Era primavera, así que salió al jardín, se sentó tranquilamente en un rincón y observó los narcisos, que estaban a punto de abrirse. El bueno de *Curiosidad* se echó a sus pies e hizo lo mismo que ella. Era evidente lo mucho que le gustaba todo lo que había en el jardín. Con su especial sensibilidad hacia los animales y las plantas, su carácter se reveló de forma tan natural que yo también pude abrirme a ella sin dudarlo, aunque en mi interior me había resistido a la idea de trabajar con una nueva editora. De eso hace ya quince años, y ahora ella edita todos mis libros, al margen de la editorial que los publique. La única diferencia entre entonces y hoy es que, entretanto, *Curiosidad* nos ha dejado y ahora un nuevo miembro de la familia llamado *Trueno* es el que se echa y se pone sobre las patas traseras delante de ella y la sigue a cada paso. También está comprometida con mi proyecto de ayuda a los niños de la India, y en días señalados envía regalos por su cuenta a nuestros protegidos, como ropa o material escolar. Como no hablan inglés, ella ha aprendido un poco de hindi, y en cada paquete coloca una pequeña tarjeta con el nombre del niño y un saludo personal. Leer en hindi es un poco como tratar de descifrar jeroglíficos. Aprender el idioma de forma autodidacta es todo menos fácil, y hace falta mucho amor para asumir el esfuerzo. Por la forma en que los niños me preguntaron por ella durante mi última visita, se notaba lo importante que era para ellos.

En los encuentros interpersonales, hay momentos en los que nuestro corazón se abre. Es como si el otro entendiera sin palabras lo que sentimos o lo que nos conmueve, lo que nos agrada y lo que nos inquieta. Cuántas veces vagamos por la vida como pájaros desorientados en una tormenta... Son estas personas las que nos devuelven al mundo y nos orientan. Poder recorrer con ellas una parte del camino de la vida es un gran regalo.

El psicólogo Milton Erickson cuenta cómo costeó sus estudios vendiendo libros a domicilio. Un día llegó a una granja en la que el propietario no tenía ningún interés en los libros.

—No leo, y no necesito leer nada —dijo—. Solo me interesan mis cerdos.

—De todos modos, ¿puedo contarle algo sobre mis libros mientras alimenta a sus cerdos? —preguntó Erickson.

Él mismo se había criado en una granja y, mientras le explicaba al hombre lo que podía ofrecerle, tomó una piedra plana del suelo y empezó a rascar el lomo de uno de los cerdos.

Cuando el granjero se dio cuenta, dijo:

—Veo que le gustan los cerdos. Sabe lo que es bueno para ellos. A quien le gustan mis cerdos quiero conocerlo mejor. ¿Qué le parece si cena en mi casa esta noche y se queda a dormir? También le compraré algunos libros.

El granjero había reaccionado intuitivamente al gesto instintivo de Erickson. Es a través de estos comportamientos naturales genuinos como funciona la comunicación interpersonal cotidiana a un nivel más profundo. Nos permiten conocer realmente al otro y reconocernos mutuamente, aunque a menudo percibamos vagamente que hay un muro invisible que nos impide intimar demasiado.

«La gente olvidará lo que dijiste, la gente olvidará lo que hiciste, pero la gente jamás olvidará cómo los hiciste sentir», afirma la escritora estadounidense Maya Angelou.

Estrictamente hablando, nadie puede ocultar su verdadero ser o fingir a largo plazo. Se manifiesta sin que nos demos cuenta, no en las actitudes que adoptamos o en nuestra filosofía, sino a través de nuestros comportamientos inconscientes. ¿Qué estoy haciendo y qué clase de persona soy cuando nadie me observa? La respuesta a esta pregunta refleja mi verdadero yo.

Un escritor inglés cuenta que al pasar por un pueblo mientras estaba de viaje se detuvo y entabló conversación con los campesinos del lugar. Eran diez, y dirigían su mirada hacia un amplio campo que habían arado juntos. Pues bien, estaban considerando cuál de ellos había arado qué franja. El escritor preguntó por qué eso era tan importante. La forma de arar el campo no influye en la cosecha. Esa no era la cuestión, respondieron los hombres. ¡Se podía reconocer al granjero por los surcos! Una sabiduría que, según el escritor, puede aplicarse a la vida en general.

Dios nos escucha, pero también observa lo que hacemos. Así es como nos juzga. En nuestra forma de vida se revelan cosas que no se pueden expresar con palabras. Los católicos conocen el concepto de *coram Deo*, «en presencia de Dios». Con ninguna máscara del mundo podemos ocultar nuestro verdadero yo a Dios.

Un elefante y una hormiga jugaban al escondite. Primero la hormiga tuvo que buscar al elefante, lo cual, en vista de su tamaño, no era una tarea difícil. Después fue el turno de la hormiga. Entró corriendo en un pequeño templo donde el elefante no podía meterse. Pero el elefante la encontró enseguida, pues se había quitado los zapatos, como debe hacerse, antes de entrar en el templo.

El niño interior

Tanto Freud como Rilke escribieron, cada uno a su manera, sobre el niño que todos fuimos alguna vez y que vive dentro de nosotros toda la vida y quiere ser amado.

Tenía once años la primera vez que jugué con la idea del suicidio. Fue un domingo. Me entretenía holgazaneando por el huerto junto a nuestra casa y espantando a las gallinas. No era un terreno muy grande, pero a los ojos de un niño parecía enorme. Si mirabas con atención podías encontrar piedras negras de bordes afilados que podían servir como puntas de flecha y fresas silvestres, que ya estaban maduras. En la pocilga, los cerdos bufaban para quitarse los granos de arroz que se les quedaban pegados en el hocico, y cuando les rascaba el lomo con una rama me sonreían. El olor de la primavera flotaba en el aire. Las mariposas revoloteaban de flor en flor, y la llamada del cuco resonaba desde la colina cercana. No me podía imaginar la tragedia que se estaba gestando en aquel idílico lugar.

Oí cacarear a una gallina y, cuando me acerqué a ella, vi un huevo en el lecho de paja. Todavía estaba caliente. Aquella gallina ponía un huevo cada día, un tesoro para nosotros entonces. Así que levanté el huevo con cuidado y lo coloqué en su lugar designado antes de salir corriendo hacia mis amigos, quienes, inmersos en el griterío y la suciedad del juego, hacían travesuras con palos. Yo mismo agarré un palo grande y me lancé al alboroto.

Cuando llegué a casa a última hora de la tarde, inmediatamente percibí que algo iba mal. Resulta que el huevo que había puesto la gallina a mediodía había desaparecido, y empezando por mi hermana mayor, que era la encargada de preparar la comida, todos en la familia me señalaban con el dedo. Como solía jugar fuera, en el campo, por mi aspecto, con la cara sucia y un palo largo en la mano, se me podría haber tomado por un ladrón de huevos. ¡Seguro que me lo había comido a escondidas! Mi hermano mayor me llamó mentiroso y, como castigo, tuve que irme a la cama sin cenar. Nadie creía en mi inocencia. Éramos pobres, y un huevo era algo valioso para nosotros. Pero eso no justificaba que me declararan culpable sin pruebas. Me limpié las lágrimas de las mejillas con el dorso de la mano, por lo que me ensucié aún más mi cara. Así es como me veo, solo, como un niño repudiado.

Lo que sentí no fue ni tristeza ni rabia, sino impotencia. Sí, es la sensación de impotencia la que nos despoja de nuestra base existencial. Nos destruye en lo más profundo de nuestro ser cuando no hay nada que podamos hacer por nosotros mismos para arreglar un asunto. Agazapado en cuclillas en el campo y sollozando, me decidí por la muerte.

En la colina de detrás de nuestra casa había un bosque de roble imperial. Y allí fue donde yo, acusado injustamente de ser un ladrón de huevos, quise acabar con mi vida. Subí la pendiente con paso firme, como si quisiera librarme de una jauría que me pisaba los talones para impedirme hacerlo, aunque en realidad estaba más solo que nadie. Había árboles muy viejos en el bosque, e incluso a mediodía era terriblemente sombrío. En ese momento el sol acababa de ponerse, y junto al pequeño arroyo todo parecía más oscuro que de costumbre. Con la esperanza de morir, si me quedaba allí y no me movía, esperé a la muerte. De repente, sentí que algo me atravesaba con su mirada.

Me limpié las lágrimas de los ojos y miré a mi alrededor. Entonces vi una rana verde sentada en una hoja en la orilla del arroyo. Me miraba fijamente. Era una rana bebé. No daba muestra alguna de querer irse y se limitaba a mirar. Estuve en cuclillas durante mucho tiempo y nos mirábamos mutuamente. Si me caían lágrimas por la mejilla, a la rana también, si le sonreía, ella también me sonreía con su ancha boca.

El incidente del huevo hirió a mi niño interior. A partir de entonces entraba en escena cada vez que me sentía acusado o mi honestidad no se valoraba debidamente, y por ello se rompieron muchas de mis relaciones, ya fuera con familiares, con amigos o con parejas. Mi niño interior escaldado cobró vida propia y, como ocurre con las quemaduras, que nunca se curan del todo, no soportaba que me tocaran.

Si Dios me dijera «Puedes elegir un punto del pasado al que volver», yo, sin pensarlo dos veces, elegiría aquel día de primavera. Cómo me gustaría entrar por la puerta con el huevo y ofrecérselo a mi familia con las dos manos. El lecho de paja en el que estaba, el calor que sentí al tacto poco después de haber sido puesto, cómo las mariposas revoloteaban de flor en flor y cómo los cerdos gruñían; todo esto se me presenta vivamente al detalle. Y también veo a la rana con los bordes de los ojos dorados, que en algún momento me hizo olvidar que en realidad había querido suicidarme.

El psicólogo John Bradshaw está convencido de que cada uno de nosotros lleva un niño dentro que no puede continuar desarrollándose debido a las heridas del pasado. Las consecuencias llegan hasta nuestra vida actual y ponen a prueba nuestra psique. Crecemos antes de que esta herida pueda cerrarse, por lo que uno de los aspectos de nuestra personalidad queda congelado en el pasado y, en consecuencia, corrompido.

Mi niño interior fue la razón por la que se produjo la separación entre el primer gran amor de mi vida y yo. Ella, sin pensarlo mucho, había sospechado algo de mí y me sorprendió. Cuando lo volvió a hacer, rompí con ella sin dudar; una decisión que ambos nunca hemos llegado a superar del todo. En la búsqueda desesperada de un ser humano perfecto, nuestro niño interior divaga, y luego, cuando se siente decepcionado por una relación imperfecta, se hiere profundamente a sí mismo y a los demás. El patrón es siempre el mismo, pero no se da cuenta de lo que está haciendo.

Martha, una chica francesa que conocí en un centro de meditación, tenía siete años cuando un día, de repente, su padre se fue de casa para no volver. Su madre no tuvo más remedio que ponerse a trabajar para mantener a la familia, y Martha fue criada por su abuela. Nunca más se volvió a mencionar a su padre en la casa. Hablar de él era tabú. Por ello, la pequeña Martha no tenía forma de averiguar por qué y dónde había desaparecido su padre. Sin embargo, el sufrimiento emocional de su madre y su abuela se trasladó a ella. No fue hasta los veinte cuando se enteró de que su padre vivía con otra mujer.

Martha se casó y tuvo dos hijos. Se convirtió en profesora de Literatura Asiática y llevó una vida en la que no le faltó nada. Un día hizo un viaje a Irlanda sola. Cuando volvió a casa, le comunicó a su marido que quería divorciarse. Nadie pudo disuadirla de su repentina decisión, y puso fin a su matrimonio sin una razón aparente. Su marido tuvo que marcharse, y a los hijos les ocurrió lo mismo que a ella: también fueron criados por su abuela. Así que el patrón se transmitió a la siguiente generación.

Solo más tarde, Martha se dio cuenta de que había actuado como si hubiera estado sometida a una compulsión interior. Bajo la impresión del antiguo trauma, había temido inconscientemente que su marido también pudiera abandonarla. Por eso apareció en escena su niña interior y consiguió divorciarse antes de que él pudiera dejarla. Fue una especie de acto en legítima defensa, cometido en nombre de un miedo no apaciguado a la pérdida y a la impotencia.

Dentro de cada uno de nosotros habita un niño interior herido que no se siente amado y que se siente abandonado, lo que hace que algunas relaciones interpersonales sean tan difíciles y provoquen arrebatos emocionales y, en ocasiones, que toda nuestra vida esté fuera de quicio. Bradshaw considera que nuestro niño interior herido es la causa principal del sufrimiento humano.

Había una vez un príncipe con una constitución física débil. Siempre le pasaba algo. Harto de que su hijo estuviera siempre enfermo, su padre, el rey, lo encerró en una cámara aislada del palacio y ordenó que no se le dejara salir hasta que su alma se hubiera iluminado. El príncipe, sin embargo, no encontró más que angustia y sufrimiento en su interior, por lo que permaneció preso entre esas cuatro paredes toda su vida. Estuvo sufriendo en cuerpo y alma, y para salir de aquella situación habría necesitado una ayuda que sin duda tendría que haberle proporcionado el rey. De esa manera podría haberse curado y haber sido liberado de la cámara. Este príncipe es nuestro niño interior herido, y nosotros somos el rey. Dentro de cada uno de nosotros existe ese niño que se siente abandonado e indefenso, un niño que desea una vida mejor y que quiere disfrutar de la existencia completamente. No depende de nadie más que de nosotros mismos devolver ese niño a la vida.

Thich Nhat Hanh escribe en su libro *El arte de cuidar a tu niño interior*: «En todos y cada uno de nosotros hay un niño que sufre. En la infancia, casi todos hemos vivido momentos difíciles, y muchos de nosotros hemos pasado por experiencias traumáticas. A menudo tratamos de olvidar esos momentos dolorosos para protegernos y defendernos de futuros sufrimientos. Cada vez que entramos en contacto con algún tipo de sufrimiento experimentado, nos parece que no podemos soportarlo, y escondemos nuestros sentimientos y recuerdos en lo más profundo de nuestro inconsciente. Quizá no nos hayamos atrevido durante décadas a enfrentarnos a ese niño. Pero solo porque lo hayamos ignorado, no significa que no esté ahí. El niño herido está siempre ahí, y reclama nuestra atención. El niño dice: "Estoy aquí, estoy aquí. No puedes esquivarme. No puedes huir de mí". Queremos poner fin a nuestro sufrimiento enviando al niño a un lugar profundo en nuestro interior, manteniéndonos lo más lejos posible. Pero nuestro sufrimiento no termina huyendo de él, sino que únicamente se prolonga. No tenemos que buscarlo muy lejos en el pasado para encontrar a este niño. Basta con que ahondemos lo suficiente en nuestro interior para poder estar en contacto con él. El sufrimiento de este niño herido está dentro de nosotros ahora mismo, en el momento presente».

Un padre se sitúa delante de la puerta de la habitación de su hijo y llama.

—¡Levántate! —dice a través de la puerta cerrada.

—No tengo ganas, papá —se oye como respuesta.

—¡Levántate de una vez! Tienes que ir a la escuela.

—¡No quiero ir a la escuela!

—¿Por qué no?

—Por tres razones. Primera, porque no disfruto de la escuela. Segunda, porque los otros niños se ríen de mí. Y tercera, porque odio la escuela.

—Te diré tres razones por las que tienes que ir a la escuela. Primera, porque es tu obligación ir a la escuela. Segunda, porque hace mucho tiempo que los otros niños no se ríen de ti. Ya tienes cincuenta y dos años. Y tercera, porque eres el director de la escuela. ¡Levántate! Puedes seguir jugando por la tarde.

Cincuenta y dos años, director de escuela, y el niño interior sigue ahí.

Thich Nhat Hanh continúa escribiendo: «Si estás atento, podrás escuchar los gritos de auxilio del niño que sufre. En esos momentos, en lugar de seguir prestando atención a lo que te ocupa, vuélvete y abraza con ternura al niño herido. Con el lenguaje del amor puedes hablar directamente con el niño y decirle: "En el pasado te dejé solo. Me alejé de ti. Lo lamento mucho. Quiero abrazarte". En vez de luchar contra las emociones, cuidemos de nosotros mismos, acudamos a nuestro niño interior herido y abracémoslo con cariño, eso es lo que nos ayudará. Las emociones difíciles de controlar seguirán estando ahí, pero sufriremos mucho menos por ellas».

¿Es «yo» un sustantivo o un verbo?

Tenía veintitantos años cuando se publicó por primera vez un texto mío en el marco de un concurso literario. Me hice un nombre con los libros de poesía que aparecieron después y, desde entonces, vaya donde vaya, para la gente soy poeta o escritor. Lo considero tan obvio que yo mismo me presento de esa manera.

Pero el término «escritor», como «vida», «amor» o «viaje», pertenece a una categoría que es más verbo que sustantivo: solo conserva su vigencia mientras la realice en el presente. Cuando escribo poesía, soy poeta, el resto del tiempo no. Si leo la obra de otro autor, soy un lector; si tomo el autobús, soy un pasajero; si voy al médico, soy un paciente; si me siento en un café o en un restaurante, soy un cliente. Para mi novia soy el novio, para mi hijo el padre y para mi perro su adorado amo. Además, para mi profesor de hindi soy un alumno (y encima uno de los que olvida constantemente su vocabulario), y cuando recorro el mundo soy un mochilero. Desde luego, soy un verbo sujeto a la influencia del lugar y del tiempo.

«Yo» como algo fijo no existe. Simplemente me meto en el papel que representa el sustantivo. Un médico solo es médico mientras trata a sus pacientes, un profesor universitario solo es profesor universitario mientras da clases. Por lo demás, estos dos no son más que pasajeros cuando se sientan en el autobús, transeúntes cuando caminan por la calle, turistas o clientes. Cuando un médico o un profesor se aferra a un sustantivo como médico o profesor, se limita a sí mismo en su autoexpresión y coarta su libertad de elección y su flexibilidad.

El sacerdote jesuita Anthony de Mello cuenta la siguiente historia:

Una mujer estaba en coma y, de repente, oyó una voz a lo lejos que le preguntaba:

—¿Quién eres?

—Soy Cooper, la esposa del alcalde —respondió ella.

—No te he preguntado cómo te llamas ni de quién eres esposa. ¿Quién eres?

—Soy madre de cuatro hijos.

—No te he preguntado de quién eres madre. ¿Quién eres?

—Soy profesora en una escuela de educación primaria.

—No te he preguntado por tu profesión. ¿Quién eres?

—Soy cristiana.

—No te he preguntado por tu religión. ¿Quién eres?

En algún momento, la mujer salió del coma y se recuperó. Y cambió su vida radicalmente. Se liberó del «yo» limitante que ella misma había definido y se permitió mucho más margen de movimiento.

La imagen que creemos tener de nosotros mismos también nos influye en sentido contrario. Quien sufre un deterioro en su estado físico como consecuencia de un accidente o de una enfermedad puede colocarse la etiqueta de persona con «discapacidad» e identificarse con lo que generalmente se asocia a este sustantivo. Cualquiera a quien se le diagnostica un cáncer se convierte de un momento a otro en paciente de cáncer, vive como un paciente de cáncer y termina su vida como un paciente de cáncer. Sin embargo, de este modo se cierra a todas las demás posibilidades de autodesarrollo que se le ofrecen al «paciente de cáncer» en todo momento, lo que quizá sea incluso peor que el hecho de estar enfermo de cáncer.

El monje budista de origen inglés Ajahn Brahm cuenta la historia de una conocida que padecía un cáncer terminal y que colocó una nota en la puerta de su habitación del hospital: «¡Prohibidas terminantemente las visitas! Excepto la de Ajahn Brahm». Sufría al ser tratada como una enferma de cáncer por todo el mundo. Ajahn Brahm era el único que la trataba como a un ser humano. Una vez fue y se quedó con ella cerca de una hora. Bromearon y se rieron mucho. Al día siguiente falleció sonriendo. Él aprendió de aquella mujer lo importante que era tratarse de persona a persona, contaba Ajahn Brahm.

Una de mis conocidas se siente como una víctima constantemente. Puede ser que en algún momento haya vivido realmente algo injusto o que le haya parecido injusto. Pero cuando habla de sí misma como víctima, lo hace por pura costumbre. La realidad habla de manera muy distinta por sí misma: ya en época escolar se fue al extranjero, allí se graduó del Bachillerato, estudió en una universidad de renombre mundial, y ya por entonces, con veintitantos años, consiguió su trabajo soñado como gerente. ¿Por qué se siente permanentemente como una víctima?

Muchos se definen a sí mismos a partir de su infancia difícil, desde sus fracasos o sus experiencias dolorosas y no se desprenden de estos roles habituales. Qué fácil es para nosotros contarnos entre los «feos», los «gordos», los «viejos», los «don nadie» y demás, cuando en realidad cualquiera que camina por la calle es transeúnte, o pasajero cuando está sentado en el autobús, o lector cuando lee un libro.

Experimentamos lo que significa realmente la libertad en el momento en el que nos liberamos de nuestra autoimagen. El mero hecho de existir debería hacernos revivir, pues nuestro verdadero ser, más allá de nuestras posesiones materiales y de la posición social, es claro como un lago y dinámico como el mar. Elisabeth Kübler-Ross, autora de *Lecciones de vida*, escribe con razón: «Tanto si estamos al principio como al final de nuestras vidas, en la cima de la gloria o en las profundidades de la desesperación, seguiremos siendo personas detrás de nuestras circunstancias. Tú eres lo que eres, y no tu enfermedad o tu ocupación. En la vida se trata de ser lo que eres, no lo que haces».

Hay profesores universitarios que se aferran a su autoimagen de catedrático después de haberse jubilado, y ministros que apenas están un año en el cargo y que se hacen llamar ministros durante toda su vida; y esto, a pesar de que solo podemos encontrarnos con nuestro verdadero «yo» cuando dejamos atrás este juego de roles. También conozco a muchos que se las dan de personas que «se han dado cuenta de la verdad». Han desechado un *alter ego* para sustituirlo por otro: el del «iluminado».

Hace algún tiempo fui a hacer senderismo al Himalaya con un grupo de ejecutivos, y tuve mis dificultades con algunos de los participantes, porque no podían dar un paso atrás en su autoimagen de «directivos». Ya fuera en un autobús de apoyo o en la nieve profunda, nunca fueron simplemente excursionistas, sino siempre vips. Cuando los conduje, tal y como se había anunciado antes de nuestra partida, a un primitivo refugio de alta montaña, sus eminencias se disgustaron de forma muy evidente. Su limitada imagen de sí mismos se convirtió en un obstáculo durante todo el recorrido, a pesar de que se habían comprometido voluntariamente con él con el objetivo de encontrarse un poco más cerca de sí mismos a través de las penurias a las que inevitablemente tendrían que hacer frente.

Por otro lado, hay personas que no dan mucha importancia a su «condición de celebridad», como la actriz Kim Hye-Ja. Para ella, su fama es más bien una prenda de vestir no deseada que el mundo le pone. Ha sido lo suficientemente espontánea como para subirse al techo de un autobús que nos llevó en un fascinante viaje a través del país, riéndose todo el tiempo. Eso, y la forma natural de sentarse ante un *sadhu* de pelo largo para preguntarle sobre la quintaesencia de la vida, son escenas que nunca olvidaré.

Toda aspiración espiritual comienza con la pregunta: «¿Quién soy?». Esta pregunta debe ir precedida de otra: «¿Quién no soy?». De lo contrario, responderíamos que somos profesores universitarios o actrices, y hablaríamos solo de nuestros roles y no de lo que representa la parte esencial de nuestro ser. Los que se aferran a esas etiquetas se fijan en la posición y en la condición de los demás y, por consecuencia, los juzgan.

Cuando confundimos nuestro rol y nuestra posición social con nuestro yo, se crea un vacío en nuestro interior que requiere ser llenado: con cosas siempre nuevas con las que adornarnos, con poder y estatus, y quizá incluso con la optimización de nuestra apariencia mediante la cirugía estética. Cualquiera que siga este camino acaba convirtiéndose en algún momento en una muñeca rellena de paja.

En una de sus conferencias, el psicoterapeuta Thomas Moore fue presentado ante el público con las siguientes palabras: «Déjenme decirles lo que nuestro orador de hoy no es. No es un artista, ni un poeta, ni un científico, ni un..»..

Cuando Moore escuchó todo lo que no era, al principio le pareció un poco injusto. ¿No daba clases en la universidad? ¿No debería al menos ser considerado un científico? Pero para ser exactos, no se sentía como tal, y el inusual anuncio encajaba de alguna manera con el tema del que quería hablar: «¿Cómo nos liberamos de nuestras identificaciones?». Si nos preguntamos quiénes no somos, podemos llegar a los más sorprendentes hallazgos, esa fue su conclusión.

Básicamente, el ser humano no se siente libre cuando está definido por un determinado rol, y anhela la liberación. Somos un cosmos infinitamente dinámico, lleno de cometas que zumban, gorjeos de pájaros, sueños y fantasías. Somos al mismo tiempo partículas de polvo que danzan a la luz del sol y el gigantesco universo. Somos el viento que sacude los árboles y las olas que rompen en los acantilados.

En nuestro «yo» no hay nada anclado. Cuando entendemos esto, en lugar de caer en el vacío, descubrimos nuestra propia dinámica. Y entonces entramos en el aquí y el ahora y empezamos a jugar.

«Yo» es un verbo cuyo significado cambia de un momento a otro. Siempre sigue su curso. Yo no soy mi pasado, soy el presente, en este momento. Si considerara el término «escritor» como un marco fijo, degeneraría en un sustantivo muerto. La muerte es el único sustantivo que no puede convertirse en verbo. Cuando conozco a alguien que no tiene ni idea de que soy escritor, me siento liberado. Solo cuando un desconocido se ve frente a otro desconocido, la persona y la persona se encuentran, el ser puro con el ser puro.

Hola, alma mía, ¿estás bien?

Casi nunca me llevo libros cuando viajo, y no porque mi lema sea «El mundo es un libro». Simplemente disfruto buscando en las librerías locales. Oxford Bookstore o Bookworm en Nueva Delhi y Calcuta, Strand Bookstore en Manhattan, Junkudo en Tokio, Pilgrims en Katmandú... Me gusta pasar uno o dos días hojeando libros en tiendas como estas, y visitarlas es una parada obligatoria en mis viajes. Siempre recordaré la alegría que sentí cuando descubrí una librería en una pequeña ciudad durante la guerra civil en Sri Lanka. Si encuentro uno de mis libros traducidos, la mayoría de las veces suele ser precisamente en este tipo de tiendas.

Algunas librerías de toda la vida con el paso del tiempo han cerrado, y aunque han sido sustituidas por tiendas de ropa de moda o de teléfonos celulares, todavía puedo verme allí de pie frente a las estanterías hojeando los libros. En los lugares en los que hemos permanecido, aunque haya sido brevemente, se queda una parte de nuestra alma, escribe Patrick Modiano en *Calle de las Tiendas Oscuras*. El alma también anida en los libros, tanto la del autor como la del lector.

La última vez que estuve en Nueva Delhi compré un ejemplar de *El cuidado del alma*, de Thomas Moore, en una librería de Khan Market, y me acompañó maravillosamente durante todo el viaje. Debido a la niebla, mi tren se retrasó catorce horas. Estuve sentado todo el tiempo en la sala de espera de la estación leyendo, y el libro le dio espacio a mi alma en el más amplio sentido de la palabra. *El cuidado del alma* consiste en resguardarla y alimentarla, igual que se procura el bienestar del cuerpo con buena comida y ejercicio.

Según Thomas Moore, que entre otras cosas fue miembro de la Orden de los Servitas durante doce años, el sufrimiento del espíritu comienza con el descuido del alma. Cuidamos nuestro cuerpo con devoción, pero dejamos en un segundo plano nuestra alma de manera imperdonable. El sufrimiento psíquico de los pacientes de Moore se debía, en la mayoría de los casos, al menosprecio con el que trataban sus necesidades psicológicas. Si el alma se queda con las ganas de hacer algo, surgen sentimientos de insignificancia, así como de desgana, de frustración en las relaciones, autorreproches, agresividad y adicción. El alma está enferma porque le falta algo importante que le dé a la vida la fuerza para vivir.

En *El cuidado del alma*, Moore cuenta la historia de un hombre que, después de una discusión con su novia, le escribe una carta donde la abruma con reproches y en la que acaba con la relación. Antes de que él llegue a su casa, la llama y le pide que no la lea, y ella accede. Rompe el sobre sin abrir y lo tira. A pesar de que la curiosidad la consume y de que está tentada de recoger los trozos de papel del bote de basura para juntarlos palabra por palabra, no cede ante el impulso y se dispone a sacar la basura. Los dos siguen siendo pareja. Ambos decidieron cuidar de sus almas. Según Platón, la tarea más importante del alma es vivir.

Si intentamos abandonar nuestras preocupaciones, le haremos un favor a nuestra alma. Un carpintero tenía el encargo de remodelar una granja. Pero todo fue un desastre en el primer día. Pisó un clavo y se lesionó el pie. Una sierra eléctrica se rompió, de modo que con la sierra de mano el trabajo se prolongó más de lo previsto. Para colmo de males, por la noche no arrancaba su auto. Así pues, su jefe lo llevó a casa. Estaba tan frustrado que no pronunció ni una sola palabra durante el trayecto.

Al llegar a su casa, le pidió al jefe que se quedara un rato para presentarle a su familia. Al dirigirse hacia la puerta, se detuvo ante un árbol y agarró el extremo de una rama con las manos. De repente estaba completamente cambiado. Cuando abrió la puerta, todo el cansancio había desaparecido de su rostro. Con una sonrisa radiante, besó a su mujer y abrazó a sus dos hijos, que corrieron a su encuentro. Tras la visita, acompañó a su jefe hasta el auto. Cuando pasaron por delante del árbol, el jefe le preguntó qué significaba aquello de tocar la rama.

—Ah, eso... —dijo sonriendo—. En este árbol cuelgo mis penas. Como sé que siempre hay problemas en el trabajo, no quiero ni puedo llevármelos a casa, con mis hijos y mi mujer. Por eso siempre los cuelgo en este árbol por la noche antes de entrar. Y a la mañana siguiente me los llevo de vuelta al trabajo. La mayoría de las veces, sin embargo, ya han desaparecido antes de llegar allí. No lo sé..., tal vez se los lleve el viento.

Nuestra alma pierde su capacidad de alegrarse y de reírse libre de toda preocupación cuando la cargamos con problemas cotidianos triviales. ¡Deberíamos perder la costumbre de hacer eso cuanto antes! Solo podemos acercarnos a nuestra infinitud interior si le prestamos atención y permitimos que se desarrolle, porque si bien es verdad que una parte de nuestra alma vive en el ahora, otra parte vive en la eternidad.

¿Qué diría de nuestras vidas alguien que nos observara desde algún lugar en lo alto? ¿Creería quizá que habríamos perdido el alma?

Había una vez un hombre para el que el trabajo era lo primero. Comer, dormir y trabajar era todo lo que hacía en la vida, y a veces sentía un gran vacío. Una noche se despertó y apenas podía respirar. No sabía dónde estaba ni cómo se llamaba. Se sentía como si no hubiera nadie dentro de él. Al día siguiente fue al médico.

—Su alma no ha podido seguir su ritmo y se ha quedado en el camino en algún lugar —lo diagnosticó el médico—. Su alma lo ha perdido, y usted ha perdido a su alma. Esto sucede a menudo. El alma sabe que ha perdido a su persona. Pero la persona frecuentemente no se da cuenta de que ha perdido a su alma, y simplemente sigue viviendo por inercia.

A continuación, le dio a su paciente el siguiente consejo:

—Hay un lugar determinado que es solo para usted. Vaya allí y espere. Su alma probablemente lo esté buscando y se dirigirá hacia allí. Se trata de un lugar en el que usted estuvo hace unos años. Puede que tenga que esperar un poco más. Si no, no hay nada que pueda hacer por usted. En su caso, la medicación no le servirá de ayuda.

El hombre hizo lo que el médico le había aconsejado. Condujo hasta un lugar que le gustaba especialmente en las afueras de la ciudad. Allí se sentó en un banco y esperó. No hizo nada más. Simplemente permaneció allí sentado y esperó. Pasaron los días, las semanas, los meses y se sucedieron las estaciones del año. Una tarde, un ruido le hizo alzar la vista, y allí estaba ella ante él, el alma que había perdido, agotada, sucia y bastante deteriorada.

—¡Por fin! —suspiró ella.

Esta es la historia que la escritora polaca Olga Tokarczuk y la ilustradora Joanna Concejo cuentan en su obra *El alma perdida*.

Leer un libro, viajar, ser creativo, pasar tiempo en la naturaleza..., con tales actividades construimos nuestra alma. La comida sana, las conversaciones edificantes, las experiencias que no solo se nos quedan grabadas en la memoria sino que nos entusiasman; eso también es alimento para el alma. Desarrollar el sentido artístico, es decir, realizar acciones cotidianas con especial atención y sensibilidad estética, como por ejemplo en la ceremonia del té, también contribuye al despliegue espiritual, porque nos permite acercarnos al mundo a un nivel más profundo. De esta manera, la compra de un producto se convierte en un asunto del alma. Cuidar tu alma significa caminar por el bosque en lugar de ir corriendo de un centro comercial a otro.

Una mujer acudió a su maestro espiritual en busca de consejo porque desde hacía mucho tiempo sentía una gran tristeza en su interior. Después de haber escuchado toda su historia, el maestro le dio un rollo de hule espuma y le pidió que lo tirara al río, cosa que la mujer hizo de inmediato. Cuando se mojó de agua y se desenrolló, salió nadando un pequeño pez. Había sobrevivido con más pena que gloria en la humedad residual que aún contenía el hule espuma. Pero ahora había llegado por fin al río y estaba a salvo. Poner nuestra alma seca en agua clara y fresca como este pez significa alimentarla.

Puede que nuestra vida sea nueva, pero no sabemos lo vieja que es nuestra alma. Tratarla bien implica interesarnos por cómo está nuestro interior, y comprender que no somos un cuerpo con alma, sino un alma con cuerpo.

El reencuentro: un milagro

En primavera había plantado curri en el jardín, y probablemente habría llegado como larva con la tierra. En todo caso, saltó sobre mi hombro cuando se abrieron las flores amarillas. Me asusté y él también: un pequeño grillo de color verde claro con las antenas todavía débiles.

Desde entonces, nos encontramos de vez en cuando. Lo buscaba con la vista, porque quería saber de qué se alimentaba y si vivía solo. Cada vez que me miraba con sus ojos compuestos camuflado entre las hojas y los tallos verdes me alegraba. Con el tiempo se convirtió en un gran grillo con unas largas patas traseras y completó su muda final.

Tomé la enciclopedia de insectos del librero y leí con asombro que las orejas del grillo no miden ni un milímetro, pero que estos animales pueden reconocer a larga distancia la diferencia entre las llamadas de sus congéneres y los sonidos ultrasónicos de los murciélagos cuando cazan. Por si estas sorpresas no fueran suficientes, mientras estaba sentado en mi silla del jardín con la enciclopedia en el regazo, el grillo saltó de repente y se posó en el dorso de mi mano.

¡Acaso esto no era sincronicidad en el sentido de C. G. Jung!

El psiquiatra suizo cuenta que una vez habló con una paciente sobre el escarabajo al que los antiguos egipcios veneraban como algo sagrado. La mujer había soñado que alguien le regalaba una joya con la forma del escarabajo dorado. Jung estaba sentado de espaldas a la ventana cuando oyó unos suaves golpes detrás de él. En cuanto se dio la vuelta vio un insecto dorado e irisado que volaba contra el cristal desde el exterior. Abrió la ventana y lo atrapó. Resultó ser un escarabajo de las rosas común. «Era la analogía más próxima a un escarabajo de oro que pueda darse en nuestras latitudes», escribió.

Jung se refirió a estos incidentes aparentemente aleatorios como «sincronicidad» y descubrió en el curso de su investigación que no se trata de meras coincidencias, es decir, sucesos aleatorios, sino que se producen cuando nuestra realidad y otra realidad más allá de la nuestra entran en contacto.

¿Quizá aquel grillo conocía una forma de conectar con otra realidad desconocida para mí? No tenía ni idea de cómo dirigirme a él, así que me limité a contemplarlo mientras permanecía en el dorso de mi mano. Tanteando el terreno, poco a poco se fue acercando a mi manga, y entonces volvió a quedarse quieto. Por la forma de mover sus antenas de un lado a otro, me dio la impresión de que quería decirme algo.

«Estoy aquí y no en tu libro. Si quieres saber algo sobre mí, vamos a tener que intercambiar nuestros cuerpos. Tienes que convertirte en mí. ¡Es que no es lo mismo ver el dibujo de mis patas de impulso que el vuelo real zumbando en el aire!»

Dicho y hecho. Realmente intercambiamos nuestros cuerpos. Acaricié suavemente las patas del grillo, y luego me deslicé dentro de él como me había sugerido. Sus patas traseras se convirtieron en las mías. A través de sus ojos vi, aunque fuera solo durante un breve instante, su mundo redondo. Luego se alejó de un salto.

Dicen que se puede ver aquello que permanece invisible a los ojos de los demás si ese «algo» desea ser visto por nosotros. Cuando el grillo se posó en mi mano, quizá me quería dar a entender que, aunque yo era un poco más grande que él y mi constitución física y mi sistema nervioso eran un poco más complejos, no éramos tan diferentes en otros aspectos.

Había días en los que el grillo se posaba en el mosquitero junto a mi ventana y me miraba en la habitación, como si mirara desde una vida pasada hacia mi vida presente. Parecía querer decirme algo que yo no sabía interpretar. Todas las noches, desde el verano hasta entrado el otoño, cantaba en mi jardín, como si quisiera recordarme que el universo es una red ilimitada de tareas de aprendizaje constantemente nuevas.

Alguien me contó una vez que a un maestro se le metió una abeja en la barba cuando estaba hablando con uno de sus discípulos. El discípulo se asustó, pero el maestro le dijo que el insecto era un mensajero del mundo espiritual que tenía que entregar un mensaje. Desde entonces, el discípulo mantuvo sus ojos y oídos abiertos y prestó atención a lo que ocurría a su alrededor. Y así se dio cuenta de que cada vez que se dirigía a ver a su maestro, un insecto, ya fuera una abeja o una mariposa, pasaba volando.

No recuerdo exactamente cuándo fue, pero aún no había escarcha el día que vi al grillo tumbado en las hojas con las antenas debilitadas y las patas delanteras retraídas. Lo levanté suavemente, pero no se movía. Nos habíamos conocido en el centro de la ciudad y nos habíamos hecho buenos amigos. La despedida había llegado demasiado pronto. Lo acosté en la planta de curri, ya marchita, y me susurró:

—No estoy muerto. Solo estoy fingiendo. Volveré en primavera.

Es muy posible que sea cierto. Quizá todos los seres vivos se hagan los muertos cuando llega el momento. En el pueblo donde crecí, había un hombre que ya había elegido su tumba en vida, y le gustaba tumbarse en ese lugar. Después de morir y ser enterrado allí, a veces me preguntaba si tal vez estaría fingiendo estar muerto.

En realidad, no vamos a ninguna parte. Siempre estamos aquí. A veces intercambiamos nuestro cuerpo con el de un insecto, y otras veces con el de otro ser humano. Después del encuentro con el grillo, al reflexionar sobre mi primer maestro espiritual, que dejó su cuerpo demasiado pronto, pienso: «¡Pero si solo están actuando como si estuvieran muertos!».

Cuando contemplo su foto y observo sus grandes ojos, tengo la sensación de que en realidad se está haciendo el muerto. Lo mismo me ocurre con otros maestros y con mi madre, que nos dejó hace tres años. Y también con mi perro *Curiosidad*, que compartió su vida conmigo durante catorce años hasta que falleció hace unos días.

«Hola, mi *Curiosidad*, ¡solo finges estar muerto! ¡No me has dejado para siempre!»

Yo estaba llorando cuando me echó una última mirada antes de bajar la cabeza para siempre y cuando, ya de camino a la eternidad, me susurró:

—Sí, tienes razón. Voy a fingir por un momento que estoy muerto hasta que la rueda del eterno retorno me traiga de vuelta a este lugar...

Espero sinceramente que nada de esto se lea como algo demasiado literario, porque no tengo de ningún modo la intención de contemplar la muerte como algo poético. Estoy más interesado en transmitir el mensaje de mi grillo de que lo que llamamos nacimiento y muerte no es más que una metamorfosis. Ha de ser así, porque ¿qué otra cosa podría llevarnos a un final tan cruel?

Había llegado a esta conclusión y, cuando llegó el siguiente verano, no pensé más en el grillo. Al caminar un día por el jardín, de repente vi algo verde claro que brillaba entre las plantas de curri. Es difícil de creer, pero ¡allí estaba posado efectivamente el grillo! Así que nos volvimos a ver, ¡un milagro! Quién sabe si un día me vuelve a ocurrir algo así y la próxima vez que nos encontremos estamos cada uno en el cuerpo del otro: el grillo con mi pelo largo y yo con sus patas verde claro brillantes.

No estoy preparado para morir, pero estoy aprendiendo poco a poco a confiar en la muerte como confío en la vida. No habrá un adiós eterno. Por eso, esta petición a todos: no se despidan de mí para siempre. ¿Adónde iría, cuando solo tengo este lugar? Espero que en mis últimos momentos haya alguien que diga: «Shiva Ryu solo está fingiendo estar muerto». Entonces me haré el muerto como el grillo y seguiré mi camino.

4

En el camino hacia la realización personal, solo hay dos cosas que podemos hacer mal. Una es no asumirlo, la otra no recorrerlo hasta el final. Cualquiera que sea el camino que transites, fúndete con él. Tú mismo tienes que convertirte en ese camino antes de poder recorrerlo. «Cuando intentes algo, pon todo en ello [...]. Saborearás la vida hasta la risa perfecta, es por lo único que vale la pena luchar», escribió el poeta y novelista estadounidense Charles Bukowski.

Cualquiera que sea el camino que recorras, fúndete con él

Cuando estaba estudiando en la universidad, a menudo pasaba la noche en el pasto del campus porque no siempre podía permitirme una habitación. Cuando llovía o hacía frío, me colaba furtivamente por una ventana en una sala de descanso de la Facultad de Humanidades, descolgaba las cortinas y me cubría con ellas. Por las mañanas me levantaba a tiempo, volvía a colgar las cortinas y me escabullía. Dadas las circunstancias, tenía un aspecto un tanto decrépito. Ya había empezado a dejarme crecer el pelo; las suelas se desprendían de mis zapatos y se sacudían a cada paso, y como las noches eran frías, llevaba mi abrigo negro incluso en verano.

Por mi apariencia, nadie hubiera pensado que era un estudiante. Mi orgullo, sin embargo, no me permitía contarle a nadie mi precaria situación, y esto dio lugar a algún que otro malentendido. Uno de mis profesores, que sabía de literatura pero poco de la vida, me puso públicamente en evidencia afirmando que elegía deliberadamente ese aspecto destartalado para hacerme pasar por un hombre de letras. También había no pocos compañeros que pensaban que estaba completamente trastornado y evitaban cualquier tipo de contacto conmigo. Uno de ellos, que me aventajaba en dos o tres semestres, no disimuló su rechazo. A diferencia de mí, siempre iba con una camisa limpia y un traje con corbata. Además, llevaba siempre un maletín cuya asa agarraba con tanta fuerza que corría el riesgo de sufrir un calambre en la mano. En mí no veía más que a un decadente negador de la realidad.

Aprovechaba cada oportunidad para criticarme, y cuando se metía conmigo me quedaba callado delante de él, fijaba mi mirada en algún punto de su rostro y lo atravesaba con ella. Me parecía un hipócrita. Se las daba de seguidor de la Ilustración, ¡pero ni siquiera había leído los poemas de Baudelaire y Rimbaud! Un día, el periódico del campus, del que él era redactor en jefe, publicó un artículo sobre mí en el que se decía que yo era un vagabundo y que mi presencia en el campus era tan deshonrosamente molesta que le quitaba las ganas a cualquiera de disfrutar de la maravillosa primavera con los brotes de las magnolias que acababan de abrirse. Habíamos alcanzado la cumbre de nuestra enemistad. Me hubiera encantado irrumpir en la redacción armado con una motosierra y hacer pedazos todos los escritorios. Pero no podía gastar mis energías en esas nimiedades. Las necesitaba para la literatura. Y así dejé aquello, apartándome el pelo de la cara soplando furiosamente, como correspondía al decadente que todos veían en mí.

No intercambié ni una sola palabra más con este compañero durante toda la carrera. No existíamos el uno para el otro, y cuando terminé mis estudios universitarios, no derramé ni una lágrima por aquella etapa. Mientras él hacía su doctorado después de su maestría, yo deambulaba por las polvorientas calles de la India, y cuando se convirtió, primero, en crítico literario y, luego, en profesor de Filología Coreana en nuestra antigua universidad, yo estaba recorriendo los valles del Himalaya con un rebaño de cabras. No solo nuestras vidas, sino también nuestras almas eran completamente diferentes.

Habían pasado veinte años cuando se iba a publicar un número especial sobre mis poemas en una revista literaria. En el acto, entre otras cosas, estaba previsto un debate con un crítico literario. ¿Y quién iba a dirigirlo? ¡Precisamente ese antiguo compañero de estudios! Después de todos esos años, era hora de enterrar nuestra vieja enemistad. Al final del evento nos sentamos juntos un rato y le pregunté que por qué durante la carrera siempre había llevado traje y corbata. Y respondió que porque había sido tremendamente pobre. ¡Vaya sorpresa! Continuó contándome que no había podido reunir el dinero necesario para pagar la matrícula, por lo que necesitaba desesperadamente el trabajo de redactor jefe en el periódico del campus para conseguir una beca. Esto, a su vez, habría requerido su correcta vestimenta. Había pasado las noches en los despachos de la redacción porque no podía permitirse pagar una habitación.

Le conté que yo tampoco había tenido hospedaje y que, en primavera, había estado viviendo en el campus como un indigente entre los pétalos de flor de cerezo marchitos. Él se echó a reír a carcajadas, y yo también. Él y yo... teníamos mucho en común. Nuestras almas no eran tan diferentes. Cada uno de nosotros había intentado sacar lo mejor de su situación. Mientras él juntaba los escritorios en la redacción para hacerse una cama, yo dormía, tapado con cortinas, en la sala de descanso. Pero nuestras aspiraciones eran las mismas. A los dos nos impulsaba la búsqueda del desarrollo interior: él seguía su camino a su manera, yo a la mía.

En busca de su verdadero yo, un hombre le dio la vuelta a cada piedra, sacudió cada árbol, miró cada flor y examinó todo, cualquier cosa que entrara en su campo de visión. Siempre decía: «No soy ni esto ni aquello». Y así descartaba una cosa tras otra. Ni el río ni el mar, ni el rayo ni las inundaciones, ni siquiera una enorme montaña lo complacía. ¿Cómo podía algo que era un mero fenómeno de transformación haber encarnado su verdadero yo?

El nombre, el honor, la posición social... no era nada de eso. También excluyó los acontecimientos terrenales y las experiencias emocionales. Después de examinar todas las cosas de la Tierra, se dio cuenta de que todo lo visible no era más que un fantasma insustancial. En ese momento de inspiración echó la cabeza hacia atrás y alzó la vista al cielo sonriendo. Entender lo que su verdadero yo no era le permitió reconocer su verdadero yo.

Otro hombre también fue en busca de su verdadero yo. Se reconocía en todo y en todos. Él era el elefante y el mono que estaba montado encima del elefante, él era el loro que gritaba al ver al mono y la persona sobre la que se posaba ese loro. Ya fuera montaña, río o campo, no había nada en lo que no se reconociera. «Soy tanto esto como aquello», consideraba. Llegó hasta los confines del mundo y lo miró todo detenidamente, y no pudo encontrar nada que no fuera él. Cuando se dio cuenta de esto, echó la cabeza hacia atrás y miró al cielo estrellado con una sonrisa en los labios. Firmemente convencido de que todo era él mismo, reconoció su verdadero ser.

Ambos se habían embarcado en la búsqueda de su verdadero yo. Uno lo encontró descartando una cosa tras otra, el otro viéndose a sí mismo en todo lo que iba descubriendo. En el *vedanta*, el camino del primero se llama «*neti neti*», el camino de la negación. El del segundo se denomina «*iti iti*», el camino de la afirmación. A primera vista parecen diferentes, pero en realidad son idénticos y conducen al mismo destino. En el camino hacia la realización personal, solo hay dos cosas que podemos hacer mal. Una es no asumirlo, la otra no recorrerlo hasta el final. «Cualquiera que sea el camino que transites, fúndete con él», le aconsejó Buda a su discípulo. «Tú mismo tienes que convertirte en ese camino antes de poder recorrerlo». Tanto si elegimos el camino de la afirmación como el de la negación, nos fundimos con él y lo recorremos imperturbablemente, y al final del camino encontramos todos los caminos unidos.

«Cuando intentes algo, pon todo en ello [...]. Saborearás la vida hasta la risa perfecta, es por lo único que vale la pena luchar», escribió el poeta y novelista estadounidense Charles Bukowski.

Pureza lingüística: una ficción

Por un sendero de montaña en el oeste de Nepal llegué a una casa. Llamé a la puerta y pedí que me dieran de comer, como hago de vez en cuando para entrar en contacto con los lugareños. A menos que tengan alguna urgencia, la gente suele estar encantada de atender mi petición, y a menudo encuentro hospedaje en alguna de las casas de campo de esta manera.

Una vez más saludé a los residentes en mi nepalí burdo pero en cierto modo fluido mientras dejaba mi mochila, húmeda de sudor, en el suelo lodoso. Cuando vi a la abuela de la familia alejarse a toda prisa y le pregunté adónde iba, exclamó: «*¡Mul!*». No lo entendí. Samsana, la nieta, hablaba inglés, y me explicó que su abuela se había ido al pozo de detrás de la casa a buscar agua.

Me quedé perplejo. El agua también se llama *mul* en mi lengua materna. ¿Cómo podía una anciana de Nepal conocer esta palabra coreana? Le pregunté a Samsana si alguien de su familia había vivido alguna vez en Corea, pero ella lo negó. En nepalí, el agua se llama *pānī*, pero en el dialecto gurung, que es el que hablaba su familia, *mul* es el término que designa el «agua buena para beber». Me resultó sorprendente.

Escribo poesía y estudié Filología Coreana, y conozco realmente bien la lengua coreana estándar. Cuando escribo, intento concienzudamente evitar términos procedentes del chino antiguo y utilizar los puramente coreanos.

Cuando empecé a aprender hindi, me sorprendió descubrir que una oración interrogativa termina casi exactamente igual que en coreano. Y hay algunas palabras que suenan de manera muy parecida en ambos idiomas. Las lenguas de todo el mundo flotan en un único y vasto estanque, y me he dado cuenta de que la noción de «pureza de la lengua» no es más que una ficción egocéntrica. Y esto, a su vez, pone en duda lo que yo denomino «lo propiamente mío». Utilizo incuestionablemente formulaciones como «mi pensamiento», «mi mente», «mi yo»..., pero ¿son realmente míos «mis pensamientos», «mi mente» y «mi yo»?

Los pensamientos son tan contagiosos como las lenguas. Los «pensamientos propios» en mi mente se mezclan con innumerables pensamientos de otros. ¿Hasta qué punto es cierto cuando me identifico con determinados pensamientos y digo «Este soy yo» o «Este no soy yo»? ¿Es posible que me aferre a un ego fijo que no es más que una ilusión nacida en mi limitada mente, cuando el «yo» en realidad está cambiando constantemente en interacción con el exterior? ¡Un autoengaño que es difícil de desenmascarar!

Para mantener el «yo», nos empeñamos en que nuestro lenguaje, nuestros pensamientos y nuestro ser son propios de nosotros y, por lo tanto, diferentes de los de los demás. Al mismo tiempo nosotros mismos hemos adoptado esta suposición de los demás. El lenguaje, el pensamiento y la mente en realidad están interconectados, incluso son idénticos; ¿dónde estaría el «yo» si extrajera todos estos contenidos? ¿Sería entonces ese «yo» realmente el «propio yo»? Si fuera así, ¿por qué Buda habría insistido tanto con que no existe el «propio yo» y con que todo está conectado con todo? ¿Difiere realmente nuestro «propio yo», de cuya existencia estoy personalmente convencido, del de los demás y de la esencia universal del ser? ¿Cómo podemos saber que nuestros «yoes» no son diferentes? El saludo *namasté*, habitual en la India, significa algo así como «el dios que hay en mí se inclina ante el dios que hay en ti». ¿Son estos dioses entonces de dos clases diferentes? Si es así, ¿quién es entonces este «yo» que escribe sobre el «yo»? ¿Soy «yo» «mi yo» que se diferencia de «tu yo»? ¿Existe realmente «mi yo»?

Oh, ¡qué maravilloso es caminar con el pensamiento por senderos tan poco transitados!

Después de que la abuela trajera *mul* del pozo, me preparó un almuerzo con verduras que había cultivado en su propio huerto.

No pienses en un mono

Un hombre había estado meditando durante meses. Sin embargo, la meditación había consistido en realidad en una lucha con sus pensamientos intrusivos y no había logrado ningún progreso significativo.

El maestro le dijo: «Es muy sencillo. No hagas nada, simplemente quédate ahí sentado. De todas formas, en ningún caso deberías pensar en un mono».

El hombre se alegró al oír aquello. En su pueblo no había monos, y en realidad podía contar con los dedos de una mano las veces que había visto a uno de estos animales. Así que se sentó, como le había recomendado el maestro. Lo único que no podía hacer era pensar en un mono, ¡nada más fácil que eso! Cerró los ojos y lo primero que le vino a la mente fue un mono. Cuanto más intentaba no pensar en un mono, más presente se hacía el animal dentro de él.

Cuando fue a ver de nuevo al maestro unos días después, estaba al borde de la locura.

—¡Por favor, quítame al mono de la cabeza! —le rogó.

—Es muy sencillo. Cuando medites, piensa solo en un mono —dijo entonces el maestro.

El hombre se alegró. ¿Pensar solo en un mono? ¡Nada más fácil que eso! Así que se fue a casa y se sentó de nuevo. Cerró los ojos con la intención de pensar solo en un mono, pero lo que apareció en su mente no fueron más que pollos, vacas y patos. Respiró profundamente y volvió a intentarlo, pero de nuevo no tuvo éxito.

Cuanto más intentamos reprimir un pensamiento, más fuerte se hace. Es como si no saludáramos a la gente por la calle al pasar y en lugar de ello les estorbáramos en el camino. ¡Es agotador tener que tratar con tanta gente al mismo tiempo! Como el maestro le mostró a su alumno, la meditación solo es posible si nos limitamos a contemplar los pensamientos y dejamos que vayan y vengan de forma natural.

Cuando empecé a meditar, yo también experimenté la constante lucha con los pensamientos intrusivos como lo más difícil de todo el proceso. En cuanto a mi postura corporal, sin duda podía medirme con personas que llevaban décadas practicando, pero no tardaban ni un minuto en asaltarme pensamientos que me distraían, como una manada de monos. A menudo eran más bien escépticos, en la línea de: «¿Qué estoy haciendo en realidad aquí?». Seguidos de cerca por otros como:

«Endereza la espalda. Se supone que solo tienes que contemplar tus pensamientos».

«Deja de pensar en el pasado o en el futuro, céntrate en el momento presente».

«Alarga tus respiraciones tanto como sea posible. Inspiraaaaaar... exhalaaaaaar...».

«¿Tal vez debería haber meditado después de comer? ¡Ya tengo hambre!».

«Esta noche me voy a hacer camotes».

«Ahora tu mente ha vuelto a divagar. Vuelve a la respiración. Puedes pensar más tarde en lo que quieres cenar esta noche».

«En realidad, ¿por qué me digo a mí mismo "tú"?».

«¿Qué fue ese ruido que se acaba de oír? ¿El gato?».

«Seguro que pronto voy a empezar a tener calambres en las piernas. Ya puedo sentir cómo se me van durmiendo».

«De todos modos, ¿para qué sirve meditar?».

«¿Cómo se le ocurrió al maestro precisamente la cuestión del mono? ¿Hay acaso una conexión especial entre los monos y la meditación?».

Desde fuera podría parecer que estaba en un estado de *samadhi*,* pero realmente me pasaban muchas cosas por la cabeza, desde camotes hasta monos. Pensamientos impacientes del tipo «Estoy perdiendo el tiempo aquí», autorreproches a mi débil fuerza de voluntad, escepticismo sobre el hecho de que todo lo positivo que se dice acerca de la meditación carecería posiblemente de base, incluso el pensamiento insano de que podría desarrollar problemas psicológicos por meditar.

En una revista de meditación apareció un artículo en el que la crema y nata del gremio de profesores de meditación occidentales describía sus dificultades personales iniciales.

Christine Hassler, *coach* de vida y consejera espiritual, recuerda: «Me criticaba constantemente por incompetente simplemente porque no conseguía dejar de pensar».

* En la tradición budista, el *samadhi* es el estado de conciencia que se alcanza cuando, en la meditación, la persona siente que alcanza la unidad con lo divino. *(N. de la E.)*

Suze Yalof Schwartz, fundadora de Unplug Meditation, escribe: «Era imposible quedarse quieta sentada durante la meditación. Era tremendamente aburrido. Solo pensaba que estaba desperdiciando mi tiempo».

David Z., un conocido profesor de meditación de atención plena, describe su experiencia así: «Mientras meditábamos, teníamos que levantar la mano cada vez que pensábamos en algo. Y cuando lo hacías, venía el profesor y te daba un golpe en la espalda con una larga vara de bambú. Después de dos semanas dejé de meditar».

La profesora de meditación Lynne Goldberg afirma: «Tuve que preguntarme incesantemente: "¿Cuánto tiempo más tengo que aguantar?". Mi mantra era: "¿Cuánto tiempo más?". Mi mente era como un mono que salta de forma desenfrenada, y la interminable lista de pensamientos que se me pasaban por la cabeza abarcaba desde lo que me quedaba por hacer, pasando por el dolor de mis huesos al estar sentada, hasta la autocrítica».

Brett Larkin, que ha desarrollado su propio estilo de yoga, también confiesa: «Lo que más me dolía eran las pantorrillas y los pies, sentía como si alguien me hubiera acuchillado en la espalda. Aun así, me desplomé y caí en un profundo sueño».

Lodro Rinzler, que da clases de meditación en varias universidades, confiesa: «Me volví tremendamente impaciente en cuanto me senté a meditar. Mi único pensamiento era que quería moverme».

Jeff Kober, actor y profesor de meditación, cuenta: «Cuanto más intentaba encontrar el silencio con los ojos cerrados, más fuertes eran mis pensamientos. Simplemente no podía apaciguar mi mente».

Tara Brach, fundadora de la Insight Meditation Community en Washington D. C., recuerda: «Me reprochaba constantemente que mi meditación tenía que mejorar, y me creía inadecuada e incapaz. Por eso estaba constantemente tensa y no conseguía agradecer el momento presente, lo que era completamente contrario al propósito de la meditación».

¿Cómo es que estas personas, sin embargo, se convirtieron en líderes de renombre mundial en la escena espiritual?

La respuesta es muy sencilla. No han dejado de meditar a pesar de que tuvieron que lidiar con sus pensamientos, su escepticismo y sus dudas.

«No tiene la más mínima importancia que uno consiga hacer bien la meditación o no, lo que cuenta es la voluntad. Una voluntad que llenará por completo el sentido de la meditación», dice Yongey Mingyur Rinpoche, maestro de budismo tibetano.

Hemos empezado este capítulo con la historia de un mono, y no parece mala idea terminarlo con otra historia de monos.

Desde abril hasta agosto es la época de la cosecha del mango en la India. Los mercados rebosan de deliciosas y dulces frutas que ahuyentan toda melancolía de la vida. El mango es originario de la India oriental, donde se cultivaba ya en la zona de Assam dos mil años antes de Cristo. No es de extrañar que el mango sea la fruta nacional de la India. Hay más de cien variedades diferentes en las distintas regiones de cultivo, que además difieren mucho en su sabor. Hay uno que es mejor cuando está amarillo y maduro, otro cuando aún está verde, y de otro, como por ejemplo el *gulab khas*, se dice que es sonrosado como una mejilla.

Había una vez un pueblo con un sembradío de mangos. No eran solo sus propietarios quienes anhelaban el verano, cuando los frutos cuelgan de los árboles, sino también los monos de la selva colindante. Cuando apenas los mangos habían empezado a brillar con su color dorado, la horda de primates invadió la arboleda. Los propietarios intentaron ahuyentarlos con piedras, y los gritos de dolor de los animales se oían por todo el lugar. Uno de los monos sangraba por la cabeza, y a otro que huía con un mango en el brazo lo alcanzó una piedra y cayó redondo...

Por la dulce fruta, que era un regalo de Dios, ha reinado la guerra entre hombres y simios, y desde hace más de cuatro mil años se han producido esas enfurecidas batallas allí donde había mangos maduros. Por primera vez en todo este tiempo, los monos se reunieron en la selva para deliberar acerca de aquello.

Kapi ('mono' en sánscrito), el rey de los monos, inauguró la sesión.

—No podemos seguir permitiendo que los hombres nos traten tan mal —dijo—. Somos descendientes de Hanuman, el dios mono, y fuimos nosotros quienes les trajimos hierbas del Himalaya desde los inicios del cielo y la Tierra para curar sus heridas. ¡Pero miren cómo nos tratan, a sus antepasados! Nos apedrean solo porque tomamos algunos de sus mangos. Pensemos entre todos qué podemos hacer.

El sabio mono *Kala* tomó la palabra:

—Lo que necesitamos son nuestros propios árboles de mango. Si los tuviéramos, podríamos comer todos los mangos que quisiéramos, y los hombres no se opondrían. He oído que el árbol del mango crece a partir de la semilla de la fruta. Los hombres simplemente la meten en la tierra y después surge un árbol. Deberíamos robar un mango y plantar una semilla. Y así algún día tendremos nuestro propio árbol del mango.

Los monos estaban totalmente entusiasmados, y todos aplaudieron.

El rey mono dijo entonces:

—¡Qué solución más sencilla! Si queremos, podemos liberarnos de nuestra desgracia. Por primera vez en nuestra historia, ¡tendremos nuestro propio árbol del mango!

El mono más joven y hábil fue enviado a las arboledas. Mientras los otros distraían a los propietarios, tomó una fruta grande y volvió tan rápido como una flecha.

En un solemne ritual, los monos cavaron un agujero en el suelo en un lugar soleado, colocaron la semilla del mango dentro y cubrieron el hueco con tierra. Luego se sentaron en círculo alrededor del lugar y esperaron. Pasó medio día, pero nada indicaba que fuera a brotar un árbol de la tierra. Los monos no podían creerlo. ¡El tiempo se interpuso en su gran visión y transcurría con demasiada lentitud! Pero no se dieron por vencidos, porque tenían la gran esperanza de que pronto tendrían sus propios mangos en abundancia.

Pasó un día entero, pero no pasó nada. Las crías de los monos perdieron la paciencia y empezaron a correr de un lado a otro. Pasó otro día, y otro, y no pasó nada. Incluso los monos adultos empezaron a rascarse el pecho, y uno detrás de otro fueron abandonando sus puestos. Algo había salido mal, eso seguro.

Uno de los que habían permanecido allí rezongó:

—¡No puedo esperar más! ¿Qué sentido tiene sentarse aquí y mirar al suelo? No tenemos nada, mientras que las arboledas están llenas de frutos que cuelgan. Pronto se acabará la temporada de los mangos. Entonces tendremos que esperar otro año entero otra vez. ¡Un año entero! ¿Tan malo es llevarse unas cuantas pedradas? Así es la vida, qué se le va a hacer. La deliciosa dulzura, ganada en la lucha con dolor..., esa es la verdadera dulzura. ¿Es que no lo saben?

Todos aplaudieron.

Pero el rey mono vociferó:

—¡Paciencia, debemos ser pacientes! ¿Saben por qué nosotros, los monos, llevamos una vida así? Porque nos falta paciencia. Tenemos que esperar al menos cinco días si queremos tener nuestro propio árbol del mango.

Pasaron cinco días, pero no pasó nada. Todo quedó como estaba.

Uno de los monos se quejó:

—Hemos desperdiciado cinco días y no hemos obtenido nada. Tenemos que abrir ese agujero y ver lo que ha salido mal.

Con la aprobación de todos, volvieron a desenterrar la semilla del mango y lo lanzaron furiosamente al suelo.

El rey mono dijo:

—¡Pero qué tontos son! Ningún deseo puede hacerse realidad en cinco días. Soñamos con nuestro propio árbol del mango e incluso tenemos una semilla. Si tuviéramos simplemente más paciencia... Precisamente por eso no hemos conseguido cultivar nuestro propio árbol en miles de años. ¡Habríamos tenido que esperar al menos diez años!

Pero los monos habían dejado de prestarle atención hacía un buen rato. Ya estaban en movimiento, colgándose de árbol en árbol hacia las arboledas atraídos por los mangos maduros, y bajo la lluvia de piedras se dieron un festín.

Esta fábula se la contó un maestro a su discípulo, que había ido a aprender meditación con él pero que quería marcharse a los pocos días.

¡Bienvenida seas, emoción!

Si te hospedas en un albergue en la India o en Sri Lanka, siempre encontrarás otro huésped en la habitación: el geco. Durante el día se tumba gozoso al sol en el exterior, pero cuando se acerca la noche, le basta la más mínima grieta en la pared para entrar en la casa y buscarse un lugar en el techo o en la pared. Los gecos se alimentan de insectos y, cuando luchan con sus presas en el haz de luz de una lámpara, hacen bastante ruido. Una vez que estaba tumbado en la cama, un geco aterrizó en medio de mi cara. Mentiría si afirmara que un reptil amarillo tan pequeño apenas me alteró. ¡Me llevé un susto de muerte y grité con fuerza! Por supuesto, el animal se llevó un susto aún mayor que el mío. Desde entonces, los dos tenemos la costumbre de comprobar nuestros respectivos paraderos antes de ir a dormir.

Los propietarios de los albergues o bien se muestran amables con todas las criaturas (excepto con los huéspedes) o bien están tan desinteresados al respecto que no se molestan en expulsar a los gecos de sus casas. Una vez, uno se acomodó en mi mochila, y casi lo introduje de contrabando en Corea sin visado. Para hacer un poco de amistad con los intrusos, procedí a ponerles nombre. *Mer Geco*, *Sen Geco*, *Tel Geco*, etcétera. Sí que todos tenían el mismo apellido. Cuando vuelvo a la habitación los gecos me saludan: «Hola, Shiva Ryu, ¿dónde has estado tanto tiempo? ¿Qué haces tan ocupado?». Y yo les contesto: «Hola, *Mer Geco*, ¿te has portado bien? ¿No te has peleado con tus hermanos, verdad? Hola, *Sen Geco*, hola, *Tel Geco*, ¿también están bien?». Entonces tuercen sus ojos redondos y brillantes como si me entendieran. Desde que hablo con ellos, hemos encontrado una forma amistosa de vida común y un equilibrio entre la cercanía y la distancia.

Poner nombres es una práctica eminentemente espiritual. Nuestra mente es como un albergue donde entran y salen todo tipo de emociones. A algunas las recibimos con alegría, otras no son tan deseadas. Con ellas, el caos se traslada a las habitaciones de la mente. Hacen ruido, se quejan, patean tu puerta y te fastidian el día. Están las que nos persiguen hasta en los sueños. Penetran en nuestro inconsciente a través de las grietas más pequeñas, y por eso es tan difícil expulsarlas y dejarlas fuera.

En la meditación de atención plena se recomienda afrontar tales emociones por su nombre. Cuando la tristeza nos invade, decimos: «Hola, tristeza, qué bien que estés aquí. Bienvenida seas». Lo mismo ocurre con la inquietud y el miedo: «Hola, inquietud, hola, miedo». También nos dirigimos a los recuerdos dolorosos y a la ira de esta manera: «Hola, recuerdo, hola, ira. Bienvenidos. ¡Aquí están otra vez!». Con saludar es suficiente. Tampoco es necesario exagerar y dejar que estos invitados se queden demasiado tiempo en nuestra casa.

Cuando nombramos las sensaciones físicas, pensando silenciosamente, por ejemplo, «comezón, comezón» o «dolor de cabeza, dolor de cabeza», dejamos de identificarnos con ellas, de permitir que interfieran en nuestra concentración y de estar a merced de las emociones negativas que las acompañan. Los chamanes de las antiguas tradiciones religiosas estaban convencidos de que si conocíamos el nombre de aquello que nos provocaba miedo podíamos dominarlo.

Le recomendé el método a una conocida que noche tras noche sufría comezón. Lo probó, nombró su síntoma, «comezón, comezón», en lugar de rascarse, y descubrió que aliviaba su malestar de forma significativa. Hizo hincapié varias veces en que era real y en que no me lo decía por mera cortesía, porque yo le había recomendado insistentemente el método, con lo cual se lo agradecí con un «gracias, gracias».

Buda, que fue venerado por Schopenhauer, Nietzsche y Nikos Kazantzakis por igual, fue un paso más allá con la mención del nombre. Estaba sumido profundamente en la meditación cuando, de repente, apareció el demonio Mara y lo retó a luchar, y aunque le resultaba un inconveniente estando tan cerca de alcanzar la iluminación, lo saludó como a un viejo amigo.

—Bienvenido, Mara —le dijo con su nombre mientras le ofrecía un té—. ¿Cómo te ha ido últimamente?

Mara simboliza la energía negativa que puede sumir a la mente en un estado de sufrimiento con emociones como la codicia, la ira y la duda. Pero cuando Buda lo saludó por su nombre y le dio un tazón con té Darjeeling, perdió la voluntad de luchar y se retiró. Hasta su muerte, Mara apareció una y otra vez, pero Buda nunca lo despreció. Jamás le tocó un pelo. Aunque Ananda, el discípulo favorito de Buda, estaba molesto porque el malvado Mara seguía volviendo constantemente, en los *sutras* los encuentros de Buda con el demonio siempre se describen como pacíficos. Que Buda le ofreciera a Mara, que había ido a impedir que alcanzara la iluminación, una almohada para sentarse y un tazón de té, suena bastante creíble. Beber té cuando las emociones están agitadas y cuando los pensamientos inútiles están acechando, sería de hecho una solución pacífica.

«Nombrar» es cobijar calurosamente los pensamientos y las emociones que surgen en nuestro interior y ofrecerles un tazón de té. De esta manera, conseguimos permanecer atentos a ellos y percibirlos desde una distancia relajada. «Nombrar» se traduce en: «percibo que estoy enojado», «percibo que me pica la planta del pie izquierdo». Al nombrarlo, lo percibo con más claridad.

El dios hindú Krishna caminaba por un recóndito bosque con su hermano mayor Balarama, y agotados por la caminata, cuando el sol se estaba poniendo, decidieron descansar. Tenían que turnarse para vigilar, ya que había todo tipo de peligros acechando ahí fuera. Krishna debía dormir primero y Balarama hacer guardia hasta la medianoche. Entonces Krishna tenía que relevarlo y permanecer en el puesto hasta el amanecer. Tan pronto como Krishna se durmió, Balarama oyó un rugido y un demonio saltó desde los arbustos. Balarama estaba terriblemente asustado. Cuanto mayor era su miedo, más grande se hacía el demonio y más fuerte rugía. Dominado por el horror, finalmente se desmayó.

Cuando Krishna se despertó y vio a su hermano tirado en el suelo, lo primero que pensó es que se había quedado dormido, pero en ese mismo momento oyó el rugido del demonio. Era gigantesco, y atravesó a Krishna con la mirada. Pero este le sonrió y le dijo:

—Hola, amigo mío, bienvenido. ¿Qué puedo ofrecerte?

El demonio rugió tan fuerte como pudo. Pero Krishna se limitó a repetir su pregunta, y cada vez que se dirigía al demonio de forma tan amistosa, este se hacía cada vez más pequeño, hasta que, finalmente, llegó a ser diminuto. Entonces Krishna lo recogió y se lo metió en el bolsillo.

El arte de la meditación consiste en no ver enemigos en los pensamientos y en las emociones que rondan por nuestra mente, sino en hacer de ellos nuestros compañeros, unos compañeros que nos ayuden, a su vez, a observar nuestra mente. Entonces nos daremos cuenta de lo siguiente: si bien es cierto que en estos momentos estoy enojado, no soy una persona enojada; aunque ahora mismo tengo miedo, no soy una persona miedosa; solo estoy triste brevemente, pero no soy una persona triste. Si nos negamos a dar una cálida bienvenida a todos los muchos pensamientos y emociones que nos conmueven, se retiran a los rincones oscuros del inconsciente y se convierten en demonios. No quiero que *Mer Geco*, *Sen Geco* y *Tel Geco* se conviertan en demonios del horror en cuanto apague las luces de mi habitación.

Del *lenchak* o la culpa kármica

En el Tíbet se cuenta la leyenda de una nutria que vive en un lago en los valles altos del Himalaya. En las noches de luna llena podemos verla salir del agua con un pez en la boca. Una lechuza que acecha por los alrededores planea sigilosamente y le arrebata el pez.

A primera vista, puede parecer que la lechuza le está robando la presa a la nutria. Pero quien se quede un poco más de tiempo en su puesto de observación comprobará que esta se la da de buena gana. Varias veces durante la noche se acerca con un pez en la boca al lugar de la orilla donde la lechuza la espera. Nada más llegar, la lechuza emprende el vuelo desde su rama y recoge su comida.

Nos podría parecer que, en este juego, la nutria se queda con las manos vacías. Atrapa peces y se los da como ofrenda a la lechuza. ¡Pero eso no es todo! Se siente constantemente presionada por la lechuza. Incluso durante el día caza sin descanso para poder llevarle suficientes presas. «Por mucha hambre que tenga, primero hay que alimentar a la lechuza», se dice a sí misma.

La lechuza, en cambio, recibe noche tras noche una opípara comida a domicilio sin costo alguno. Y además chilla cuando la nutria se retrasa un poco, con lo cual la nutria se apresura aún más y se sumerge inmediatamente de nuevo en las profundidades del lago.

Se mire por donde se mire, la relación entre ambas parece extremadamente desequilibrada e injusta. La nutria ni siquiera percibe nada parecido a una satisfacción interior por todo su trabajo, aunque cumpla continuamente con las exigencias de la lechuza. ¡Todo lo contrario! Por temor a que la lechuza la abandone, nunca se atreve a aventurarse lejos del lago, y siempre se queda cerca de su árbol. Cuanto más se esfuerza la nutria, más autoritaria se vuelve la lechuza y con más naturalidad acepta sus regalos. Sin entender por qué, la nutria se convierte en su esclava tanto física como mentalmente, y cuanto más engorda la lechuza, más meticulosidad y empeño pone aquella para pescar más peces. Sin embargo, la lechuza cada vez está más insatisfecha y aumenta sus expectativas.

Que esto sea así no consiste en que la nutria sea débil y la lechuza fuerte. La nutria es un animal nocturno y se encuentra en su elemento en la oscuridad. Es lo suficientemente fuerte como para arrastrar un ave acuática por las patas hasta las profundidades y devorarla, algo que, de hecho, hace de vez en cuando. Además, podría sumergirse en el lago sin más, donde la lechuza no podría seguirla. Pero la llamada de la lechuza la cautiva nada más oírla.

La relación entre la nutria y la lechuza se basa en lo que en tibetano se denomina *lenchak*, una «deuda kármica»: en esta vida la nutria está pagando a la lechuza una deuda que contrajo en una vida anterior. Cualquiera que haya pedido dinero prestado en algún momento, ya sea hace un año o diez, y no lo haya devuelto, incluso lo haya conseguido mediante extorsión o estafa, tendrá mala conciencia cada vez que se mencione el nombre del agraviado y será consciente de que tendrá que devolverlo en algún momento. Lo mismo ocurre con las deudas contraídas en vidas pasadas. Puede que no recordemos concretamente el motivo en el aquí y ahora, pero impulsados por la culpa y por la necesidad de reparar el daño, tratamos al otro con un servilismo abyecto. Esto es exactamente lo que se entiende por *lenchak*.

El juego solía ser un pasatiempo muy extendido en el Tíbet. No era una cuestión de dinero, que de todos modos nadie tenía, sino de guijarros, como los que se podían encontrar en cualquier esquina de la calle. No obstante, se cuidaron escrupulosamente de no endeudarse. Los tibetanos estaban convencidos de que en la próxima vida renacerían como esclavos del acreedor. Incluso aunque la deuda fuera de unos pocos guijarros, como esclavo uno tendría que liquidar muchas veces esa cantidad, una idea arraigada en la creencia en el *lenchak*. Cuando un comportamiento no tiene explicación lógica, se atribuye al principio de causa y efecto heredado de alguna vida pasada.

Sin embargo, los maestros del budismo tibetano nos aconsejan que debemos preocuparnos menos por nuestra carga kármica de actos pasados y mucho más por el karma que estamos creando ahora, en este instante presente. El flujo de energía entre la nutria y la lechuza puede resultar perjudicial para ambas. Aferrarse a la lechuza de manera abnegada no le aporta a la nutria ni recompensa ni satisfacción; y la insaciable codicia de la lechuza desemboca en una depravación espiritual de la que ya no puede liberarse. Ni la nutria ni la lechuza pueden sacar nada positivo de esa relación. Mientras la nutria solo obedezca a su sentido del deber, nunca tendrá una vida propia.

Puede ser que su comportamiento sea el resultado de una deuda de una vida pasada, pero una relación insana en esta vida solo puede perpetuarse en la siguiente. Se trata de un círculo vicioso condenado a repetirse eternamente.

Las relaciones personales son como los árboles. Ambos necesitan ser podados de vez en cuando. Un buen jardinero sabe qué rama necesita un árbol y cuál únicamente le quita nutrientes. Al igual que un árbol sin podar reduce el rendimiento de un huerto frutal, el «crecimiento salvaje» en una relación conduce a una fase estéril de descontento y sufrimiento. Los problemas no se originan por las cosas que hemos perdido, sino que surgen porque no podemos desprendernos de ellas en nuestros pensamientos.

«Podar» una relación requiere valor. Si no existiera la lechuza, la nutria podría remar tranquilamente por el lago y llevar una vida feliz. Y como ave de rapiña, la lechuza también podría vivir bastante bien sin ella. La vida de la nutria pertenece a la nutria, la vida de la lechuza pertenece a la lechuza. Esta simple constatación nos abre el camino para liberarnos de una relación insana. Pero antes hay que aclarar si se trata de *lenchak* o de amor verdadero. Para ello hay que plantearse las siguientes preguntas: «¿La relación me da pura alegría?, ¿se basa en el aprecio y en el respeto mutuo?, ¿el comportamiento abnegado aporta crecimiento y es beneficioso para ambas partes?».

¿No? Entonces no es erróneo ni egoísta dejar esa relación. No hay ninguna razón para vivir como la nutria solo porque nos hemos convencido a través de la autohipnosis de que tenemos una deuda kármica que pagar. En este punto cabe señalar que los maestros del budismo tibetano no ven más que un fantasma mental en la idea de las vidas pasadas.

Una relación de dependencia basada en el *lenchak* no debe confundirse con una en la que aceptamos las deficiencias y las debilidades del otro por compasión, lo cual es muy importante en una relación. Pero es aún más importante tratarse con sinceridad y de forma sana.

También la siguiente pregunta nos puede ayudar a salir de una relación *lenchak*: «¿Estoy convencido de que las personas que me importan pueden asumir la responsabilidad de sus propias vidas?».

Te invito a terminar la historia de la nutria y la lechuza: «Un día la nutria se dio cuenta de que..»..

Una historia de manzanas

Al finalizar una de mis charlas, una mujer se dirigió a mí. Ya había asistido a un evento mío hacía unos años y se alegraba de volver a verme. Había comprado un montón de libros para sus conocidos, según me dijo, y me pidió que los firmara. Cuando me encontraba en otra librería a la semana siguiente, envió a un conocido para comprar más libros. Por él supe que la mujer era miembro de un círculo de lectura local.

Unos días después me envió una caja de manzanas. Yo estaba encantado, porque, por un lado, me como una manzana todas las mañanas, y por otro, eran de una famosa región productora de manzanas. Eran muy crujientes y refrescantes, nada que ver con los productos extranjeros, a menudo con mucha harina.

Cuando ya casi me había comido la caja, llegó la siguiente. Me alegré, por supuesto, pero no entendí el motivo del envío, así que llamé a la mujer y le agradecí las manzanas, recalcando al mismo tiempo que no era necesario que me regalara más. El granjero del que procedían las manzanas era un conocido suyo, según me explicó. Ella le quería proponer un trato. Así que yo no debía preocuparme por las manzanas. Nuestra conversación fue un ir y venir entre «No, no es necesario» y «¿Por qué no?». Alabé el excelente sabor de las manzanas y planeé comprárselas yo mismo al granjero; la mujer me dijo que se le debería permitir regalar algunas manzanas a su autor favorito.

Al final acabé recibiendo todos los meses una caja gratis. No solía pasar, pero de vez en cuando me quedaba sin manzanas, y en días así me sentía en cierto modo solo. La confianza de la entrega me hizo sospechar que la mujer podría estar casada con el granjero. Una mañana, mientras mordía mi manzana, la temida pregunta surgió de repente en mí: «¿Qué haré cuando deje de mandarme manzanas?, ¿cuando ya no haya suministro?».

En algún momento esta posibilidad estaba destinada a materializarse, porque nada en este mundo puede durar para siempre. «Todo cambia», dijo Buda. «Todo cambia excepto esta regla», incluidas mi entrega mensual de manzanas y la relación entre mi bienhechora y yo. Nada suele durar mucho.

Si algún día se acaba el suministro y no hay nada que yo pueda hacer para evitarlo, solo me queda una cosa por hacer: disfrutar de la manzana que ahora tengo en mis manos como si fuera la última, siendo consciente de que el momento refrescante de clavarle el diente y la manera en que su forma redonda se acopla a mi mano puede llegar a su fin en cualquier momento.

No sé por qué, pero las cosas se rompen; cuanto más valiosas, más rápido. Quizá por eso es por lo que nos parecen tan preciosas y hermosas. Estoy seguro de que conseguiré una de esas deliciosas manzanas, y también me la comeré con fruición. Seguramente se me concederá un día más. Pero la expectativa es puramente un constructo del pensamiento. Todo lo que nos sucede es una oportunidad única, y el siguiente momento nunca está garantizado. Estamos experimentando todo por última vez, y lo mismo le ocurre a este mundo con cada uno de nosotros. La forma de despedida «Hasta la vista», tan utilizada, es básicamente una mentira. Al final de un viaje, saludamos con la mano a la gente una vez más y hacemos promesas: «Hasta la próxima» o «Volveré pronto».

Pero no sucederá, porque incluso si tuviéramos la oportunidad de volver a ese lugar, el hotel y la gente que conocimos allí habrían cambiado. O simplemente ya no estarían ahí. Incluso el tiempo sería diferente entonces. Sentimos un nudo en la garganta cuando decimos «Hasta la vista», porque en el fondo sabemos que lo más probable es que la promesa no se cumpla.

Una vez le preguntaron al monje tailandés Ajahn Chah: «Todo en el mundo cambia y nada perdura. Las despedidas y las pérdidas son una parte integral de nuestras vidas. Pero entonces, ¿cómo puede existir la felicidad? ¿Cómo podemos sentirnos seguros cuando nada permanece como queremos?».

Ajahn Chah miró al que le hizo la pregunta con sus cálidos ojos, señaló un vaso que estaba a su lado en la mesa y dijo: «Me encanta este vaso. De este vaso bebo agua. La conserva estupendamente. Cuando le da el sol, se refleja la luz dentro maravillosamente. Cuando lo golpeo, emite un hermoso sonido. Y, sin embargo, para mí, el vaso ya está, en cierto modo, roto. Si lo pongo en una estantería y el viento lo derriba, o lo golpeo en la mesa con el codo y cae al suelo, se romperá en mil pedazos. Para mí, es algo natural. Las propiedades de este vidrio son inherentes a "su inevitable destrucción". No hay nada que podamos hacer al respecto. Comprender que este vaso está a punto de romperse hace que cada minuto que paso con él sea precioso. Cada minuto que paso con él soy feliz».

Si comprendemos que, al igual que el vaso, nuestros cuerpos y los de los demás ya están en cierto modo rotos, cada minuto de nuestra vida se vuelve precioso. Entonces, apreciar cada minuto tiene más peso que nuestro miedo y tristeza. La «transitoriedad», en el sentido budista, no solo supone que nada es permanente, por lo que hay que dejarlo ir, sino que significa apreciar el valor del momento. Si dejamos de luchar contra la «transitoriedad», la paz llegará a nuestro interior.

En el relato *Knulp*, Hermann Hesse pone en boca de su protagonista: «Una muchacha muy hermosa no lo parecería tanto si no se supiera que tiene su momento de esplendor y después ha de envejecer y morir. Si algo hermoso tuviera que permanecer continuamente igual toda la eternidad, eso me alegraría, en efecto, pero lo miraría con más frialdad y pensaría: eso puedes verlo siempre, no tiene que ser hoy. En cambio, lo que es perecedero y no puede permanecer igual, lo contemplo no solo con alegría, sino también con un poco de lástima. Por eso, para mí no hay nada más maravilloso que ver unos fuegos artificiales por ahí de noche. Hay cohetes azules y verdes que se elevan en la oscuridad y, cuando están en su máximo esplendor, hacen un giro y se apagan. Así, cuando los miras sientes placer y temor a la vez: enseguida se acaban, y es así, y por eso es más hermoso que si duraran más».

La caja de manzanas, que llegó ayer de nuevo, me recuerda lo especiales que son las cosas cuando se considera que todo es finito y que eventualmente dejará de existir. Es la fragilidad de la existencia lo que hace que todo sea tan valioso para nosotros.

Si ahora mismo estás mordiendo una manzana, cómetela como si fuera la última de tu vida. Bébete el té como si fuera tu última taza. Navega por el Ganges consciente de que no vas a volver a pasar por sus orillas. Deambula por las calles de una ciudad extranjera y te darás cuenta de que esos escaparates iluminados solo los vas a ver esa vez. Y con cada respiración, inhala y exhala por última vez, hasta que el aliento se apague por completo.

La muerte del bulbul Orfeo

En un lúgubre día de invierno, llamaron a la puerta de mi casa y, cuando abrí, el niño que vivía enfrente estaba allí. Raramente salía de casa, por lo que solo lo había visto unas pocas veces hasta entonces.

Sin decir nada, me tendió la mano. Un bulbul Orfeo yacía en ella. Bastó una mirada para saber que el pájaro estaba muerto. Sin darme tiempo a preguntarle dónde había encontrado el pájaro, me pidió que lo enterrara en mi jardín. Ellos no tenían ninguno en su casa, así que no sabían dónde enterrarlo.

Apenas el niño terminó de hablar, me entregó el pájaro, dio media vuelta y se marchó a su casa. Durante un rato me quedé perplejo mirando el animal muerto que tenía en la mano. El bulbul Orfeo se encuentra entre los pájaros que acuden a mi jardín en primavera, junto con los gorriones y los carboneros, para picotear los estambres de las magnolias lirio. Siempre viajan en parejas. Si me encuentro uno y miro a mi alrededor, seguramente vea el segundo posado en algún lugar, preferentemente en el árbol de chabacano.

Después de pensarlo un momento, tomé un azadón de jardín y empecé a cavar un hoyo junto al árbol. El pájaro no era grande, así que bastó con uno pequeño, pero la tierra estaba congelada, así que no fue tan fácil como había imaginado. Además, mi azadón estaba sin filo, y una y otra vez golpeaba una roca, de manera que hacía saltar chispas.

Estaba trabajando cuando oí que llamaban de nuevo a la puerta, y otra vez estaba el niño allí. Aunque tengo un timbre, al parecer prefirió golpear la puerta de madera con su puño en lugar de pulsar el botón.

Yo sostenía el azadón en una mano, y él me puso un viejo tenis en la otra. Antes de que pudiera preguntarle qué debía hacer con este, me dijo:

—Ponga al pájaro ahí dentro cuando lo entierre. Hace mucho frío.

Cuando se dio la vuelta para irse, vi que solo llevaba puesta un tenis, y por eso cojeaba un poco. Era un día terriblemente frío, y ni siquiera llevaba calcetines.

Volví al jardín y seguí cavando, y de repente empezaron a caer gruesos copos de nieve. Cuando apenas hacía unos instantes que se había desvanecido el sonido metálico del azadón sobre la tierra helada y había colocado el tenis con el bulbul Orfeo en la fosa, una capa de nieve cubrió la sepultura incluso antes de que la tapara con tierra. Nevó y nevó, y pronto el tejado de mi casa se cubrió con un grueso manto de nieve, al igual que el tejado de la casa de enfrente, donde vivía el niño con síndrome de Down. El mundo entero parecía hundirse en la nieve.

¿Qué es una persona? ¿Qué la consagra? Por imperfecta que sea, hay una belleza especial en su esencia. Algún tiempo después de nuestro encuentro, el niño se mudó, pero cada vez que paso por delante de mi árbol de chabacano pienso en cómo me trajo primero el pájaro y luego el tenis, y en cómo volvió a casa cojeando medio descalzo. Lo más importante, y así lo creo yo, lo llevamos en el corazón. Por eso nos sentimos tan fácilmente heridos cuando nos enfrentamos al mundo con el corazón abierto. Con todo, duele menos que vivir con el corazón cerrado.

¿Qué debemos aprender aquí en la Tierra? ¿A amar quizá? Creo que tan solo tenemos un cometido: centrarnos en nosotros mismos y darnos cuenta de que todos los otros son extraños sobre los que no tenemos ningún control. Nunca tendremos suficiente compasión. Saber esto, a su vez, refuerza nuestro «yo».

En una visita a un centro de meditación, aprendí la siguiente plegaria: «Que tenga todo el amor y compasión posibles. Que al menos sea amable aunque en este momento no sienta amor ni compasión. Que no juzgue si no soy capaz de ser amable. Que no perjudique a nadie si no soy capaz de juzgar. Que el daño sea el mínimo posible si me es imposible no hacer daño a nadie».

5

Nada ocurre sin una razón, y todos los encuentros tienen un significado. Nadie entra en nuestra vida por casualidad. Uno viene y pronto nos deja de nuevo, el otro nos acompaña más tiempo, pero cada uno deja su huella, más pequeña o más grande, en nuestro corazón y nos convierte así en otra persona, sin que seamos inmediatamente conscientes de ello... Gracias por entrar en mi vida. Hay una razón para ello: tanto si nuestra relación dura una temporada como toda la vida.

Ningún encuentro es casual

Nada ocurre sin una razón, y todos los encuentros tienen un significado, de eso estoy convencido. Seamos conscientes de ello o no, nadie entra en nuestra vida por casualidad. Uno viene y pronto nos deja de nuevo, el otro nos acompaña más tiempo, pero cada uno deja su huella, más pequeña o más grande, en nuestro corazón y nos convierte así en otra persona, sin que seamos inmediatamente conscientes de ello.

Estaba empezando el verano y yo era un estudiante de tercer semestre cuando, de camino a la sala de conferencias, me encontré con un compañero (el futuro autor Sanha Lee).

—¿Adónde vas? —me preguntó.

—Tengo un examen final —respondí.

Poniendo su típica cara de incredulidad, me dijo:

—¿Tú haces exámenes? No es propio de ti.

Me quedé desconcertado. ¡Si los dos éramos estudiantes! Pero, de alguna manera, al parecer, era incapaz de relacionarme con cosas reales como un examen. Apenas hizo su comentario, desapareció. Yo, sin embargo, me quedé de piedra. «En realidad, ¿qué estoy haciendo aquí?», me pregunté profundamente inseguro.

Salí de inmediato del campus y decidí hacer una caminata larga. Naturalmente tuve que repetir el semestre, porque no hice ese examen y tampoco los siguientes, así que no pude alcanzar la puntuación total requerida. Durante dos meses deambulé bajo un sol abrasador, alimentándome de los chabacanos que recogía del suelo en los huertos frutales por donde pasaba. Fue una época de intensa reflexión sobre la vida en general y la literatura en particular. Las costuras de mis zapatos se estaban deshaciendo y las suelas se sacudían a cada paso, pero encontré claridad sobre el camino que quería tomar en lo sucesivo. A partir de entonces me dediqué por completo a escribir poemas. En el invierno de ese año gané un premio en un concurso literario, y ese fue el comienzo de mi carrera como poeta. El comentario en apariencia incidental de Sanha Lee (que él mismo no recuerda hoy) cambió muchas cosas en mi vida.

Después de graduarme acepté un trabajo como profesor sustituto en un centro de enseñanza media de grado superior, pero me disgustaba dedicar mi tiempo a explicar la asimilación de consonantes y la armonía de las vocales del idioma coreano en lugar de escribir. Rimbaud había escrito su mejor poema cuando aún no tenía siquiera veinte años. Durante una comida juntos, le conté a un compañero mayor sobre mi dilema. Sacó una papa entera del caldo, se la metió en la boca y dijo masticando:

—En tres meses habrás olvidado que alguna vez reflexionaste sobre esas cosas.

Percibí algo horrible en ese comentario: «En tres meses ni siquiera te preocuparás por ello». Sin dudar, al día siguiente decidí presentar mi renuncia y dejé la escuela. En el patio de recreo, las forsitias estaban en plena floración. Renuncié a mi última paga porque no había trabajado el mes completo. Fue aquel compañero mayor quien dio un nuevo giro a mi vida antes de que fuera demasiado tarde para mí.

Al verme obligado durante esa época a aceptar trabajos para ganarme la vida llegué a la conclusión de que padecía fobia social. Un trabajo corporativo no era lo mío. Tenía constantemente terribles dolores de cabeza, llegaba tarde al trabajo y me resultaba casi imposible aguantar hasta el final de la jornada. Al cabo de unos meses me convertí voluntariamente en un paria que deambulaba por las calles como un desempleado.

Entonces todavía existía la librería Jongroh, y me pasaba todo el día caminando alrededor en un radio de cien metros como un monje que camina en círculo alrededor de un monasterio. Cuando me dolían los pies de tanto caminar, entraba y leía libros y poemas, que aprendía de memoria si me gustaban. Un día que estaba en el baño de la librería, un hombre se dirigió a mí. Según me comentó, habíamos coincidido una vez en una editorial y había quedado muy impresionado por mí (por mi aspecto, no por mis poemas). Debía de referirse a la editorial que publicaba las antologías de un encuentro de poetas en el que yo participaba desde hacía tiempo. El hecho de que un extraño se acercara a mí en el baño fue algo que me impresionó.

Seguimos hablando fuera del baño y me habló de sus planes para una revista budista que había heredado de su padre. Estábamos de acuerdo en que ya era hora de publicar una revista que diera cabida a la meditación y a la espiritualidad, en lugar de los tratados teóricos, más bien aburridos, que eran habituales en aquella época. Apenas una hora después habíamos acordado conjuntamente lanzar una nueva revista trimestral. Había estado cincuenta de los sesenta minutos que duró nuestra conversación exponiendo con entusiasmo mis ideas.

Bien es cierto que nuestra revista no alcanzó una gran difusión, pero pronto encontró un público fiel en el ámbito espiritual. Después de haberme graduado, fue mi primer éxito digno de mención. Planificaba el contenido, escribía mis propios artículos y me reunía con diferentes maestros espirituales de la India, lo que me llevó a orientar mi vida hacia este país.

Finalmente, ese episodio de mi vida también terminó, y dejé la revista. Poco después me encontré con un hombre en el autobús al que conocía de mi trabajo allí. Hablamos primero en el autobús y luego en la calle, y estábamos tan absortos en nuestra conversación que me olvidé totalmente de adónde quería ir. Estábamos de acuerdo en que había muy pocos libros sobre meditación y temas espirituales en Corea y sobre el terreno decidimos fundar juntos una editorial.

Así nació Mundo de la Mente, con él como director y yo como editor jefe. Esto sentó las bases para la publicación de libros de meditación, que todavía hoy son una parte esencial de mi trabajo. No puedo decir en qué dirección se habría desarrollado mi vida si no se hubieran producido todos estos encuentros. Me pregunto si me habría perfeccionado como persona hasta cierto punto y si me habría desenvuelto bien de alguna manera, o si, por el contrario, habría seguido vagando por las calles alrededor de la librería Jongroh como un fóbico social hasta el día de hoy.

Jorge Luis Borges escribió: «Cada una de las personas que nos encontramos en nuestra vida es única. Siempre deja un poco de sí y se lleva un poco de nosotros. Habrá quien se lleve mucho, pero no habrá quien no deje nada y simplemente pase de largo. Esta es una prueba evidente de que dos almas no se encuentran por casualidad».

Estoy convencido de que existe una providencia, un plan superior diseñado para mí, y que ciertas personas saldrán a mi encuentro en el momento oportuno para ponerme tras su pista. Vienen a mí porque necesito la relación con ellos para mi correspondiente etapa de la vida. Solo descubro quiénes son estas personas cuando llega el momento. No puedo decir si lo que escribo aquí tiene validez en general; en cualquier caso, hoy soy el resultado de encuentros con personas que me han indicado el camino. Nadie se cruza en el camino que yo recorro porque sí.

He aquí las reflexiones de un autor anónimo:

> Entre las personas que encontramos en nuestra vida, hay algunas que vienen a nosotros por una razón concreta; a veces nos acompañan solo durante una época, otras veces se quedan para toda la vida. Si supiéramos de antemano cuál es el caso de cada uno, sabríamos cómo moldear nuestra relación en consecuencia.
>
> Estas personas especiales generalmente suelen cruzarse en nuestro camino para satisfacer una necesidad que hemos expresado. Nos ayudan a superar el sufrimiento, nos indican el camino y nos apoyan en nuestro recorrido. Nos echan una mano material, mental o espiritualmente. A veces tenemos la sensación de que nos las envía Dios, y de alguna manera también es cierto. Se encuentran con nosotros porque las necesitamos.
>
> De vez en cuando estas personas hablan o actúan como si quisieran dar por terminada la relación con nosotros, aunque no hayamos hecho absolutamente nada malo, o lo hacen en el peor momento posible. A veces mueren, otras desaparecen. Ocurre que hacen cosas extraordinariamente exageradas para obligarnos a tomar una decisión clara. En momentos como este, debemos tener en cuenta que, cuando lo hacemos, nuestra necesidad

se satisfará y, por lo tanto, el cometido de esa persona se cumplirá. La oración que enviamos al cielo fue atendida. Es hora de mirar hacia delante y de seguir el camino.

Hay personas que permanecen con nosotros solo durante un periodo de tiempo. Llegan cuando alcanzamos una etapa de la vida en la que compartimos, crecemos y aprendemos. Nos permiten encontrar la paz interior y nos hacen reír. Tal vez nos muestren algo que nunca hemos experimentado antes. Por lo general, nos proporcionan una alegría increíble, pero solo durante un tiempo.

Una relación que dura toda la vida nos ofrece la oportunidad de aprender toda la vida. Nos ayuda a construir, pieza a pieza, una base sólida para nuestras emociones. Nuestro cometido consiste en someternos al proceso de amar a esa persona y aplicar lo que hemos aprendido de esa relación a todas las demás relaciones y ámbitos de la vida. El amor es incondicional, pero la verdadera amistad llega hasta la eternidad.

Gracias por haber entrado en mi vida. Hay una razón para ello: tanto si nuestra relación dura un tiempo como toda la vida.

Se nota cuando las flores están floreciendo

Para enseñar a sus cuatro discípulos a no juzgar anticipadamente a nadie, ni siquiera a sí mismos, un maestro los envió a un peral lejano. Debían mirarlo y luego relatar lo que habían visto.

El primer discípulo se puso en camino en invierno. El árbol estaba desnudo, expuesto al viento helado. La corteza se había secado, y esta sequedad llegaba hasta la médula. El discípulo le contó al maestro que el árbol era feo, que estaba torcido y que no era útil. Ni con la mejor voluntad del mundo había señal alguna de vitalidad y crecimiento.

El segundo discípulo fue en primavera y no pudo entender lo que había contado el primero. El árbol se alzaba espléndido con un verde fresco. Las raíces absorbían el agua del suelo, que hacía brotar nuevos retoños de todas las ramas. ¡La vida bullía!

El tercer discípulo observó el árbol a principios del verano, y estaba completamente cubierto de flores blancas. Las raíces lo anclaban firmemente en el suelo, y atraídos por el aroma de las flores, las abejas y los abejorros zumbaban a su alrededor.

Lo describió como el árbol más magnífico y hermoso que jamás habían contemplado sus ojos.

El cuarto discípulo, que fue el último en acudir hasta allí, no compartía ninguna de las opiniones anteriores. Vio el árbol en otoño, cuando sus ramas estaban dobladas por el peso de los frutos de color amarillo dorado. La alquimia del árbol, capaz de transformar la luz del sol y la lluvia en dulzura y de producir una cosecha tan abundante, lo impresionó profundamente según le dijo al maestro.

Una vez que todos habían visto el árbol, el maestro llamó a los cuatro discípulos. Consideró que cada punto de vista individual no era erróneo en sí mismo, pero que tampoco era totalmente correcto. Al fin y al cabo, cada imagen que le describían sus discípulos solo representaba una estación del año. «Tanto si se trata de un árbol como de una persona, no se puede juzgar el conjunto basándose en la imagen, que solo es de una estación. Tanto si se trata de un árbol como de una persona, ambos únicamente pueden dar frutos si pasan por todas las estaciones. Una vida no debe ser juzgada por sus fases más difíciles. El sufrimiento de una etapa no debe estropear el gozo que proporciona el resto del tiempo. Los que renuncian a una vida después de haber visto solo el invierno, se pierden la promesa de la primavera, la belleza del verano y los frutos del otoño».

Esta sabiduría se aplica no solo a los demás, sino sobre todo a nosotros mismos. ¿Acaso no solemos juzgar toda nuestra vida a partir de una grave crisis en la que nos parecemos a un árbol en invierno que ha perdido todas sus hojas y alarga tristemente sus ramas desnudas, cubiertas de escarcha y hielo, hacia el viento? En los tiernos brotes de la primavera está la promesa de un futuro que no debemos subestimar. La alegría de vivir y los frutos del conocimiento son regalos de las estaciones del año. Son obsequios cósmicos.

Como los cuatro discípulos que se dirigieron al peral, somos peregrinos que caminamos estación tras estación y, sin embargo, llevamos todas las estaciones dentro de nosotros. Somos como ese árbol. Entregarnos a esta interacción, que se traduce en confiar en la voluntad de vivir, es el primer paso en nuestro camino. El árbol sabe que ninguna estación es permanente. Y hay otra cosa más que sabe sin lugar a duda: que sobrevivirá incluso al invierno más duro.

Uno de mis amigos, que es profesor de Literatura India en la Universidad de Viena, me habló de una joven llamada Kamilla, a la que había conocido en una entrevista de admisión a la universidad. El pelo, cortado en capas asimétricas, se lo había teñido de azul y rojo, y las cejas se las había maquillado el doble de anchas que su forma natural. En la oreja derecha tenía cinco pendientes de botón, y Dios sabe cuántos en la izquierda, ya que estaban ocultos bajo el pelo, que era más largo en ese lado que en el otro. En todos sus dedos llevaba pesados anillos y sus largas uñas estaban pintadas de negro. En sus antebrazos se sucedía una mescolanza de brazaletes y pulseras, sus labios estaban pintados de negro y las botas le llegaban hasta los muslos... y sus respuestas a las preguntas de mi amigo el profesor tampoco eran precisamente interesantes. No era solo su aspecto físico lo que le parecía problemático.

Sin embargo, de alguna manera, pasó el examen de ingreso, fue admitida en la universidad y se inscribió en la clase de mi amigo. Afortunadamente, las clases estaban muy concurridas, así que no tuvo que mirar a la joven continuamente. Pasado un tiempo, cuando Kamilla estaba a punto de obtener el título de grado, acudió a su asesoría y le comunicó su deseo de realizar una maestría en Literatura India después de la graduación. Y le pidió que dirigiera tanto su trabajo de fin de grado como la posterior tesis de maestría, lo que para él significaría verla mucho más desde entonces. Él temía que dentro de su cabeza no fuera diferente de lo que sugería su apariencia. Pero Kamilla no se dejó disuadir de su intención, por lo que él finalmente aceptó.

Al principio, le costó mucho pasar por alto su aspecto y centrarse en lo que decía. Para sorpresa suya, se dio cuenta de que era bastante talentosa e inteligente. Su tesis de maestría no era inferior a la de los demás estudiantes. Hoy en día habla hindi y urdu casi como su lengua materna, tiene un doctorado en Literatura India y entretanto se ha convertido en una estimada compañera. Su pelo ha recuperado su tono natural castaño, y también se ha vuelto más discreta en su selección de accesorios y maquillaje.

Mi amigo dice hoy que es la alumna de la que se siente más orgulloso en toda su carrera como profesor. Puede suceder fácilmente que juzguemos a alguien por la imagen que nos ofrece en una determinada etapa de su vida, y pensar que nos está mostrando a la persona en su totalidad, o su vida entera.

Cuando Kamilla comenzó la universidad, era una ávida fanática del rock gótico. Se había enamorado del cantante de una banda gótica, se vestía como creía que a él le gustaría y llevaba todos los *piercings* posibles en la cara. Iba a todos sus conciertos, por muy lejos que tuviera que conducir, estaba en todas las fiestas posteriores a la actuación, aunque no siempre era fácil entrar. Aun así, no logró establecer ningún contacto real con el cantante, y en algún momento lo dejó ir con todo el dolor de su corazón.

Unos años después, su padre la fue a recoger en las vacaciones de final de semestre y se la llevó de vuelta a casa, a su ciudad natal. Era invierno y hacía un tiempo horrible. Las nubes estaban muy bajas, había una tormenta y caía un granizo fino. En el trayecto vio a un joven pidiendo aventón al lado del camino, se apiadó de él y se detuvo. Cuando entró, Kamilla apenas podía creer lo que veían sus ojos. ¡Era el cantante de rock al que llevaba años persiguiendo! Pasó lo que tenía que pasar: se casaron y son una pareja feliz hoy en día.

Un dicho hindú afirma: *Khilenge, to aap dekhenge* (se nota cuando las flores están floreciendo). Puede que no tengamos ni idea de cómo será nuestro futuro, pero cuando lleguemos a florecer se notará. No tenemos que justificar por qué tenemos este aspecto en este momento ni por qué estamos atravesando esta estación del año. El tiempo pasará, y en algún momento daremos frutos. Entonces la gente se dará cuenta de quiénes somos.

Reiner Kunze escribió el siguiente poema:

Lo que debe florecer florece
también entre guijarros y en rocas
y lejos de toda mirada.

Ser paciente no significa esperar de brazos cruzados. La verdadera paciencia significa vivir con la vista puesta en el futuro. La verdadera paciencia es ver rosas en las espinas y la luna llena en la oscuridad.

Seis mil millones de mundos

Puede que Jesús haya curado a un ciego y a un sordo y que haya resucitado a un muerto, pero que haya liberado a un gruñón de su malhumor no está escrito en ninguna parte.

Si lanzo una mirada retrospectiva a mis viajes y me pregunto cuál de ellos ha sido el más difícil, no me vienen a la mente los viajes agotadores por las malas condiciones de vida, los medios de transporte incómodos o los hospedajes antihigiénicos, sino uno que emprendí junto a un conocido. Él es miembro de una comunidad religiosa que le impone un estilo de vida vegetariano estricto. Probablemente por eso estaba continuamente insatisfecho con la comida dondequiera que comiéramos. O tal vez su constante impertinencia se debía simplemente a que yo no le caía bien. En mi opinión, en ningún país del mundo es tan fácil encontrar un restaurante vegetariano como en la India. Pero ninguno era lo suficientemente bueno para mi conocido. Allá donde íbamos examinaba cada uno de los ingredientes de su plato sin excepción. Desconfiado, olía las salsas, como el *sambar* o el *chutney*, que no conocía. Y siempre encontraba un motivo para rezongar. Cuando pedía un plato en su presencia y me comía hasta el último grano de arroz, me miraba como si fuera un bárbaro.

Yo mismo soy un vegetariano ocasional, y ser vegano me parece extraordinariamente ejemplar. En realidad, un ideal, por muy noble que sea, resulta problemático cuando dependes de factores externos. En toda la India hay mercados de verduras que abren sus puertas a primera hora de la mañana y que ofrecen una abundante selección de frutas y verduras con las que se pueden elaborar platos sencillos. Me pareció una buena idea llevar a mi conocido a visitar uno de ellos, pero incluso entonces encontró motivos para quejarse.

Su creatividad a la hora de idear pensamientos negativos era realmente sorprendente. Su insatisfacción con la comida se extendió al resto de cosas. La cabra que viajaba con nosotros en el autobús perturbó su meditación (se atrevió a poner la barbilla en su rodilla), los baños de la segunda clase del tren fueron la peor pesadilla de su vida (duró más de veinte horas) y el geco verde que estaba en el techo en un hospedaje era un emisario del demonio (el reptil movió la lengua para declararle su amor). El hecho de que de repente empezara a llover a cántaros le sumió en una depresión. Y cuando llegábamos a un nuevo lugar, el que acabábamos de dejar le parecía de repente mucho mejor. Yo ya no entendía nada de nada. ¿Acaso no sabía que el objetivo de un viaje es descubrir constantemente cosas nuevas y hermosas? Que tienes que aguantar todo tipo de inconvenientes, ¡y qué!

Sus críticas me molestaban, hasta el punto de que apenas me dejaba disfrutar del viaje. En una estación compró un mango, que de verdad parecía feo, pero no terriblemente feo, sino encantadoramente feo, y de nuevo empezó a quejarse. Ese fue el momento en el que se me acabó la paciencia. «Espérame un momento», le dije, corrí por el paso subterráneo, subí las escaleras hasta el andén y me subí en el primer tren que llegó. Cuando regresé a Corea dos meses después, mi conocido hacía tiempo que había regresado. Lamenté, por supuesto, haberlo dejado plantado en la estación como a un niño abandonado, así que a partir de entonces lo invitaba a comer cada vez que nos veíamos.

Si estamos constantemente insatisfechos con el mundo, deberíamos preguntarnos seriamente si hemos perdido el acceso a nuestra fuente interior de alegría, si nuestra confianza y pasión por la vida se han detenido como las manecillas de un reloj cuyos engranajes están demasiado desgastados para llegar a las doce. Yo mismo sé lo que se siente con la insatisfacción y la decepción, y lo que supone que la alegría desaparezca de nuestro interior. Sé lo que es que te despojen de tu base existencial.

Pero entonces pienso en mi primer viaje al Tíbet. Debido al mal de altura extremo, no había podido comer durante mucho tiempo. Un día me dirigí al monasterio de Trashilhünpo, en la ciudad de Xigazê, y cuando llegué allí sentí de repente mucha hambre. Cuando vi a un par de lugareños sentados delante de una choza de paja comiendo, me acerqué. Tenían unas papas hervidas en las manos. No podíamos comunicarnos en un idioma común, pero no fue difícil transmitirles mi deseo con las manos y los pies. Nunca olvidaré el placer que sentí aquel día sentado al sol con esa gente pelando y comiendo papas. Por su vestimenta y apariencia, aquellas personas eran muy pobres, pero no parecían en absoluto infelices. Se desenvolvían con naturalidad entre ellos y se trataban con una amabilidad extrema. Nos reíamos todo el tiempo, e irradiaban una bondad especial. ¿Cómo es posible que hubieran conservado su alegría interior a pesar de haber experimentado un sufrimiento interminable a manos de los ocupantes chinos? ¿Cómo se las habían arreglado para mantener el ánimo de seguir viviendo a pesar de todas las adversidades? ¡Me pareció asombroso!

En este contexto, me viene a la mente una historia que he leído recientemente:

Un grupo de cazadores se encontró una cabaña de paja en lo profundo del bosque donde vivía un monje. Aunque apenas tenía lo esencial, su morada resplandecía de alegría.

—Parece muy feliz a pesar de vivir en este páramo —dijo uno de los cazadores.

—Sí, siempre estoy feliz —respondió el monje.

—Tenemos muchas cosas, pero no somos felices. ¿Dónde has encontrado la felicidad?

—Aquí, en esta pequeña choza de paja. Solo tiene que mirar por la ventana y verá la felicidad —dijo el monje señalando un cristal incrustado en la pared que no era más grande que un pañuelo.

—¡Eso es una mentira evidente! Aparte de unas cuantas ramas, no hay nada más que ver —le increpó otro cazador.

—Mire de nuevo, por favor.

—¡Ya lo he hecho! Pero no hay nada más que unas cuantas ramas y un trozo de cielo apenas del tamaño de la palma de mi mano.

—¡Exacto, eso es! Eso es lo que me hace tan feliz: ese pedazo de cielo que es tan grande como la palma de una mano.

¿No sería mejor que en vez de pelearnos con el mundo nos dirigiéramos a él con amor, según la tradición budista, como este monje? Deberíamos preguntarnos de qué fuentes bebemos cuando miramos las cosas de una manera y de otra. Si nos acercamos a ellas desde el corazón ganamos profundidad emocional y nuestra empatía se despierta. Es casi como un pájaro, que se funde con la alegría cuando emprende el vuelo en el aire.

Cada uno de nosotros lleva una fuente de alegría en su interior, pero el acceso a ella suele estar enterrado bajo grava y arena, por lo que esa alegría se nos escapa. El francés Matthieu Ricard le dio la espalda a su puesto como biólogo molecular en el Instituto Pasteur y a la civilización occidental, se fue al Himalaya y se convirtió en monje budista en el Tíbet. En uno de sus libros cuenta que una vez se sentó en las escaleras de un monasterio en Nepal. Era la época de lluvias y, en un abrir y cerrar de ojos, un aguacero había convertido el patio, bastante grande, en un gran baño de barro. Para que los visitantes pudieran cruzar el lugar inundado, los monjes colocaban ladrillos separados regularmente a modo de «puente». Una mujer entró por la puerta, dejó que su mirada se deslizara con fastidio sobre el patio inundado, y mientras caminaba de ladrillo en ladrillo, rezongaba en voz alta para sí misma. Cuando llegó donde estaba Ricard, se quejó airadamente:

—¡Pero qué desastre es este! ¿Y si me hubiera caído en esta agua sucia? En este país todo está siempre sucio.

Ricard la conocía bien, por lo que asintió en silencio para consolarla.

Unos minutos después, otra mujer atravesó la puerta. Saltó de ladrillo en ladrillo cantando, y cuando volvió a tener suelo seco bajo sus pies, se rio:

—¡Ha sido muy divertido! —Y, radiante, añadió—: ¡Lo bueno del tiempo de lluvias es que no hay absolutamente nada de polvo!

Echemos un vistazo al mundo. El lugar perfecto no lo encontramos en ninguna parte, pero tampoco uno en el que no haya al menos un poco de belleza, por mucho que cerremos los ojos a ella.

En palabras de Ricard: «Si dos personas se encuentran, hay dos maneras de ver las cosas. Si hay seis mil millones de personas, hay seis mil millones de formas de ver las cosas».

Fatiga por compasión

En mi círculo de conocidos hay una mujer con un corazón muy empático a la que le encanta escuchar las historias de vida de los demás. La gente acude a ella día y noche para desahogarse. Incluso durante una excursión por la montaña, uno de los compañeros de excursión aprovechó la ocasión para contarle sus penas. Ella apenas pudo disfrutar del camino, desde el valle hasta la cumbre y a la vuelta, porque se quedó preocupada por la desgracia de aquel hombre.

Cuando me lo contó, tuve la impresión de que estaba practicando la meditación *tonglen* del budismo tibetano. *Tonglen* significa «dar y recibir». En la práctica, uno se imagina asumiendo el sufrimiento de los demás y enviándoles en su lugar cosas buenas de uno mismo, como salud o felicidad. Cuando inhalas, absorbes el sufrimiento, y cuando exhalas, envías serenidad, salud y confianza. La meditación *tonglen* va un paso más allá en vez de mostrar solo misericordia.

La compasión desempeña un papel importante en la superación del sufrimiento en el mundo. El sufrimiento nos es común a todos los seres humanos y, por lo tanto, es una fuerza que nos une a todos. Sin embargo, en el caso de mi conocida, la vena compasiva es tan pronunciada que la deja extremadamente vulnerable al sufrimiento de los demás. Esto complica las cosas. Así que llegó un momento en que las emociones negativas de los demás, su ira y sus historias de traición y desesperación carcomieron su corazón de tal manera que ella misma fue cayendo en una depresión. La positividad y la curiosidad que la habían hecho brillar por dentro se estaban desvaneciendo visiblemente. Cada vez se sentía más quemada emocionalmente, decepcionada por el mundo y hueca por dentro, lo que también repercutía en su trabajo como editora.

Se habla de «fatiga por compasión» cuando una persona no empatiza con el sufrimiento de los demás, sino que deja que le abrume hasta el punto de caer en el *burnout*. Una de las razones del cansancio puede ser la impotencia por no poder ayudar. *Burnout* significa estar quemado; significa convertirse en cenizas, por así decirlo. El fenómeno de la fatiga por compasión puede afectar a cualquiera que entre en contacto con el sufrimiento de los demás a diario. No solo afecta a las personas que están en primera línea, como en el ámbito de los cuidados familiares cuando un ser querido está en la fase final de un cáncer, o a los psicólogos que tratan a diario con pacientes que tienen problemas de salud mental.

La poeta estadounidense Ella Wheeler Wilcox describe cómo ella y sus padres recibieron una invitación para la lujosa fiesta de celebración de la toma de posesión del gobernador de Wisconsin. Ellos eran granjeros pobres y estaban muy ilusionados. Sin embargo, en el trayecto de ida se sentó junto a una joven vestida de negro que acababa de perder a su marido y lloraba incesantemente, por lo que tuvo que consolarla todo el tiempo.

Cuando llegaron a la fiesta, estaba tan triste que no quería entablar conversación con nadie. En una mirada casual al espejo vio de repente en su rostro el semblante de la viuda afligida, un momento que describió en probablemente su poema más famoso:

Ríe, y el mundo reirá contigo;
llora, y llorarás solo.
Lo que la vieja buena tierra debe prestar es alegría,
pero tiene suficientes penas propias.
Canta, y las colinas responderán;
suspira, y se extinguirá sin escucharse.

Las personas como mi conocida deben tener cuidado de mantener su compostura emocional mientras ejercen su compasión. Si bien es verdad que esto significa empatizar con las desgracias de los demás, al mismo tiempo deben aceptar que no son responsables de los giros de su destino. Si queremos abrazar a los demás sin quemarnos, la compasión y la serenidad emocional deben estar en equilibrio. Cuidarnos no significa solo cuidar de los demás, sino también de nosotros mismos, porque ante todo tenemos el deber de hacer que nuestra propia vida sea saludable.

Una joven se mudó a casa de sus suegros, lejos de su tierra natal, después de su boda. Su vida diaria allí resultó ser una cadena de problemas y dificultades. Cuando su madre fue a visitarla por primera vez después de algún tiempo, se dio cuenta de lo complicado de la situación de su hija. Necesitaba hablar con ella, pero era difícil hacerlo en presencia de sus suegros, así que le propuso que dieran un paseo juntas por el bosque cercano.

Cuando se detuvieron en el camino a la sombra de un hermoso árbol de un verde intenso, la madre le propuso a su hija:

—Puedes contarme cualquier cosa que te aflija. Te quitará mucha presión.

Llorando, la hija se desahogó y le contó todo lo que había soportado en silencio hasta entonces.

—Lamentablemente, no puedo venir a verte todas las semanas —le dijo la madre—. Así que, por favor, ven aquí una vez a la semana a partir de ahora y cuéntale al árbol lo que te preocupa. Te escuchará en mi lugar.

La hija se lo prometió.

Cuando la madre regresó unos meses después, se sintió aliviada al ver lo mucho que había cambiado su hija.

—¿Me equivoco, o realmente te sientes mucho mejor? ¿Qué ha pasado?

—En realidad, en la casa no ha cambiado nada, todo sigue igual.

—Pero se te ve mucho mejor.

—No tengo ni idea de por qué.

—Vamos a dar un paseo —sugirió la madre.

En el camino, la hija le dijo:

—Como te prometí, he estado yendo al bosque una vez a la semana para contarle al árbol mis preocupaciones. Todas las veces me ha quitado un gran peso de encima.

Cuando llegaron al árbol, sus ramas se habían marchitado y sus hojas se habían secado. Había absorbido todo el sufrimiento de la hija y, por ello, se había consumido por dentro.

¿Y si la hija hubiera cantado con los pájaros del árbol en lugar de contarle sus penas? ¿Y si hubiera bailado con sus ramas mecidas por el viento? En lugar de fatiga por compasión, ¿habría sentido el árbol algo así como alegría por compasión? ¿Y quizá esa alegría por compasión hubiera dado a la hija la fuerza necesaria para cambiar su vida? Al menos merece la pena reflexionar sobre ello.

No tiene sentido preocuparse

Esta primavera, un compañero escritor y buen amigo mío recibió una noche un mensaje de texto de alguien a quien apenas conocía en el que se le hacían duros reproches sin venir a cuento. Mi amigo estaba tan inmensamente molesto por la ofensiva diatriba que no pudo pegar ojo durante el resto de la noche. Cuando empezó a despuntar el día, estaba completamente agitado.

Fue entonces cuando recibió otro mensaje del conocido, en el que le explicaba que esa noche se había emborrachado y que accidentalmente le había enviado un mensaje que estaba destinado a otra persona. Se disculpó profusamente. Aunque estaba hecho polvo y tenía las bolsas de los ojos profundamente marcadas, mi amigo no pudo evitar reírse. La palabra tibetana «*shenpa*», normalmente traducida como 'apego', significa literalmente «estar enganchado» y, en sentido figurado, estar tan atrapado por un pensamiento que uno no puede liberarse de él. Pema Chödrön, experta en budismo tibetano, compara el *shenpa* con una comezón: si nos pica, nos rascamos; cuanto más nos rascamos, más nos pica, y con el tiempo empezamos a sufrir de verdad. Mi amigo, que se pasó toda la noche en vela por un mensaje de texto enviado por error, es un buen ejemplo de *shenpa*.

Una de las cosas más molestas en los *áshrams* indios son los mosquitos. Quien medita, no se mueve, algo que los bichos astutos saben muy bien. Atacan a todos los meditadores con determinación. En el *áshram* de Tapoban, en Nepal, son mosquitos de montaña, tan indestructibles como los gurkas (soldados nepalíes), y les gusta picar directamente en medio de la frente. Es fácil hacerse a la idea de que son lo único perturbador en el camino del conocimiento. ¿Quizá Mara, que intentó alejar a Siddhartha de la iluminación hasta el final, era uno de estos pelmazos? Te rascas y te rascas porque te pica muchísimo hasta que te sangra el tercer ojo, que es exactamente donde se supone que se abre el chakra de la frente. *Shenpa* es el sufrimiento que surge cuando la picazón se apodera de la mente, y el método que utilizamos para deshacernos de la comezón es absolutamente contraproducente. *Shenpa* es un estado de exaltación en el que todos nuestros pensamientos giran obsesivamente en torno a una sola cosa, una picadura de mosquito, una ofensa injustificada o un error que hayamos cometido, de manera que no podamos pensar en nada más. Que te pique un mosquito ya es bastante molesto, pero si seguimos rascando la picadura, en lugar de dejarlo estar, es cuando realmente empezamos a sufrir. Incluso si, como mi amigo, damos vueltas incesantemente sobre una ya de por sí grave ofensa injustificada, empeoramos las cosas sin necesidad.

Shenpa explica por qué sufrimos de más. Plantea una situación como la que describí en el relato «La segunda flecha», que puede leerse en mi colección de ensayos *Los pájaros no miran hacia atrás cuando vuelan*: no damos un asunto por resuelto con la desgracia que nos ha ocurrido, sino que le damos vueltas constantemente en nuestra cabeza para lanzarnos una segunda flecha a nosotros mismos. Un suceso causa sufrimiento, pero es nuestra propia reacción emocional a ese suceso lo que lo hace realmente malo.

El cuento de Antón Chéjov *La muerte de un funcionario* trata de un hombre bajo el hechizo del *shenpa*. Una noche, en la ópera, estaba sentado en la segunda fila del patio de butacas. Todo iba bien hasta que, de repente, torció la cara, aguantó la respiración... y ¡achís! Estornudó. Los estornudos pueden ocurrirle a cualquiera, sin importar cuándo ni dónde. Sin embargo, se sintió avergonzado porque había estornudado sobre la cabeza calva del hombre que tenía delante, un general de alto rango. Tosiendo ligeramente se inclinó hacia delante y le susurró al general:

—Lo siento, Su Excelencia, he estornudado sobre usted... Ha sido sin querer...

—No importa, no es nada —respondió el general.

—Créame, estoy profundamente avergonzado por esto. Le pido mil disculpas. ¡No era... mi intención! —se disculpó de nuevo el hombre.

—¡Le ruego que no haga tanto escándalo! ¡Por favor, déjeme seguir escuchando la ópera!

¡El hombre estaba tan avergonzado! Con una sonrisa estúpida, miró hacia el escenario, pero no se enteraba de nada, tan ocupado como estaba con aquella situación. En el entreacto buscó al general, y estuvo dando vueltas a su alrededor durante algún tiempo, hasta que por fin venció su timidez, dio unos pasos y le susurró:

—He estornudado sobre Su Excelencia. Discúlpeme... Yo quería...

—Oh, no se preocupe. Ya lo había olvidado, ¡y ahora vuelve usted a empezar con lo mismo! —respondió el general con una contracción nerviosa del labio inferior.

«Dice que lo ha olvidado, pero puedo ver el resentimiento en sus ojos —pensó el hombre—. ¡Ni siquiera quiere hablar conmigo del asunto!».

En casa le contó a su mujer lo que había pasado. Ella pensó que no era gran cosa, pero le aconsejó que se disculpara de nuevo con el general si estaba tan preocupado. Así que al día siguiente se puso su mejor uniforme y se dirigió a su encuentro.

En la sala de recepción esperaban muchos visitantes, todos ellos habían venido con sus peticiones, y también vio al general. Cuando sus miradas se cruzaron, le dijo:

—Ayer en el teatro, como Su Excelencia recordará, estornudé accidentalmente sobre usted, discul...

—¡Dios mío, esto no puede estar pasando! —gritó—. ¡Usted es un caso perdido! —Y el general se dirigió al siguiente visitante.

El hombre se puso pálido. «Ni siquiera me deja terminar, está muy enojado. No puedo permitir que esto quede así. Tengo que explicárselo», pensó.

Esperó hasta el momento en que el general había despedido a su último visitante y se disponía a retirarse a su despacho para dirigirse a él una vez más.

—Excelencia —dijo con un tono suplicante en su voz—. ¡Si me atrevo a molestarlo es porque lo lamento mucho! No lo hice a propósito, ¡debe usted saberlo!

El general puso mala cara.

—¡Se está usted burlando de mí! —dijo, y le dio con la puerta en las narices.

«¿De qué burla está hablando? —pensó el hombre sacudiendo la cabeza con incredulidad—. ¿Qué le hace pensar eso? ¡Todo un general y ni siquiera puede entender las cosas más simples! Ante semejante arrogancia, no volveré a disculparme. ¡Que se vaya al diablo! ¡Le escribiré una carta, pero no volveré a presentarme ante él! ¡Ya lo creo que no!».

Pero no consiguió escribir una carta. Por mucho que le dio vueltas, no encontró el modo de redactarla. En consecuencia, decidió intentarlo una vez más y presentarse ante el general al día siguiente en persona para explicarse.

—Ayer molesté a Su Excelencia —dijo tartamudeando—, no para burlarme de Su Excelencia, como usted se dignó a manifestar. Quería disculparme por estornudar sobre usted. Burlarme de usted en ningún momento fue mi intención. ¿Dónde estaría el respeto por los altos cargos si...?

—¡Fuera de mi vista! —gritó el general, rojo de rabia y temblando de furia.

—¿Qué? —dijo el hombre muerto de vergüenza, conmocionado.

—¡Lárguese! ¡Fuera de aquí! —gritó el general pataleando.

Fue entonces cuando el hombre sintió que algo en su interior se desgarraba. Sin ver ni oír nada de todo lo que le rodeaba, se dirigió a la puerta y salió a la calle. Caminando como un autómata, llegó hasta su casa, se tumbó en el sofá sin quitarse el uniforme y se murió.

En nuestro día a día, el *shenpa* es algo omnipresente. Basta un reproche o una grosería por parte de otro, un juicio erróneo o un percance por parte de nosotros mismos, y entramos en una espiral interminable de reflexiones, haciendo que todo sea un tormento para nuestras almas. La única manera de liberarnos del hechizo del *shenpa* es tomar conciencia del fenómeno.

Pema Chödrön lo compara con tres peces que nadan alrededor de un anzuelo hasta que uno de ellos dice a los demás: «El secreto para que no te atrapen consiste en no morder ese cebo carente de valor».

Debemos reconocer que se trata de un cebo, y tener cuidado desde el principio de no dejarnos seducir por él. Una vez que estamos enganchados, es demasiado tarde para liberarnos.

La gente ha llegado a pensar que nunca me picaron los mosquitos, pero por supuesto eso no es cierto. Me pican, pero no me rasco. Solo debes tener un poco de paciencia y automáticamente dejará de picar. Y pienso: «Un mosquito picó mi frente». Y no: «Un mosquito me picó». Esto también contribuye a convertir una pequeña y molesta picadura en una herida sangrante. La actitud que tengamos hacia los mosquitos que nos zumban en la frente depende exclusivamente de nosotros. Naturalmente, esto no quiere decir que le aplicaría la frase a alguien al que lo mordió una serpiente o un insecto venenoso como si fuera una especie de cura: «El animal no me mordió a mí, solo al tobillo».

Una vez que hemos caído en un hoyo, debemos hacer todo lo que esté en nuestras manos para salir de él lo más rápido posible en vez de cavar más profundo. Eso significa prestar atención a nuestras almas. Un proverbio tibetano dice: «Si un problema se puede resolver, no hay que preocuparse; si no se puede resolver, preocuparnos no nos ayudará».

¿Por qué yo soy yo y no tú?

Cuando afirmamos que conocemos a alguien, a menudo significa precisamente lo contrario. Solo creemos conocerlo, pero en realidad nuestro conocimiento de esta persona se limita a los pensamientos que tenemos sobre ella y a los sentimientos que despierta en nosotros. Cuando digo que me gusta esta persona o que no me gusta aquella, no significa nada más que el hecho de que me basé en mi juicio o prejuicio sobre esa persona para establecer mis preferencias.

En la ciudad de Benarés, en el norte de la India, hay un lugar que me gusta mucho: el Raj Ghat, las escaleras que bajan al Ganges. Por las mañanas puedes sentarte allí y ver cómo sale el sol desde detrás del bosque de la orilla opuesta. Las pequeñas y grandes embarcaciones en el agua y los peregrinos también crean una atmósfera de meditación. Voy a la ciudad todos los años, así que conozco a un anciano que pone su pequeño puesto en la escalera a primera hora de la mañana para vender té *chai*: unas tazas, un recipiente redondo para machacar jengibre y una vieja estufa de gas. Cuando aparezco por la mañana todavía medio dormido, me da rápidamente un *chai* con extra de jengibre contra el dolor de garganta que siempre sufro allí por los fuertes cambios de temperatura entre el día y la noche. Prepara el *chai* tal y como me gusta, y beberlo mientras veo el amanecer forma parte de mi ritual matutino habitual.

Un día, sin embargo, fui testigo de cómo el viejo bajaba a toda prisa las escaleras para llenar su tetera con agua del río. ¡Me quedé muy sorprendido! ¿El té que había estado bebiendo durante años estaba hecho con esa agua asquerosa? Me sentí engañado.

En lo sucesivo, evité el Raj Ghat, lo cual era una gran pena; pero sabía que no podía rechazar el *chai* que el anciano me ofrecía. Si pasaba por el lugar, fijaba mi mirada al frente y me apresuraba a pasar por delante, o me buscaba enseguida otro *ghat*. Aunque le di la espalda, podía sentir que siempre me miraba con nostalgia. Pero por mucho que lamentara la pérdida de mi lugar habitual durante años, no veía otra opción.

El invierno pasado estuve de nuevo en Benarés y un día pasé por el Raj Ghat a primera hora de la mañana. De repente, el anciano estaba de pie delante de mí. Se alegró de verme, me abrazó cariñosamente y me preguntó cuándo había vuelto al país y cuánto tiempo me quedaría esta vez. Por supuesto que me ofreció su *chai*. Tras un momento de duda, decidí que un vaso de su brebaje de agua del Ganges no me mataría todavía, y me senté en los escalones. ¡Su té de jengibre estaba tan bueno como siempre! Pero justo cuando iba a decirle que el agua procedía del río sagrado y que, por lo tanto, podía contener algo nocivo, el anciano se levantó de un salto y bajó a toda prisa las escaleras con su tetera para traer agua.

No pude contenerme más, y tuve que hablar seriamente con él. Le dije que su *chai* era excelente y que me gustaba mucho aquel extraordinario lugar, pero que no estaba nada de acuerdo con que lo preparara con agua sucia del río. Eso no solo era antihigiénico, sino también contrario a la ley. El anciano me miró con asombro. Nunca había hervido su *chai* con agua del Ganges, afirmó. ¡Eso me pareció muy fuerte! ¿Cómo podía mentirme en la cara de esa manera? Acababa de ver con mis propios ojos que él, con el sol rojo naciente detrás, había sacado agua del río.

Horrorizado, dejé mi vaso medio lleno. Entonces el anciano señaló con la mano las escaleras de piedra. Debía ir a la orilla yo mismo y mirar. No entendía de qué se trataba. Aun así, bajé los escalones, y allí lo vi: justo encima del río había un tubo del que brotaba un potente chorro de agua. Venía de un pozo profundo que llegaba hasta las aguas subterráneas. No sabía que en algunos lugares a lo largo del Ganges se habían instalado estas tuberías de agua subterránea para abastecer a los residentes de agua limpia y potable.

Las tuberías del suministro público de agua estaban viejas y oxidadas, y no se confiaba del agua, me explicó el hombre cuando me senté de nuevo con él. Apenas podía mirarle a los ojos, estaba muy avergonzado por la falsa sospecha. Además, tenía mal sabor y estropearía el *chai*, añadió.

Más tarde me enteré de que los demás vendedores de *chai* de los *ghats* de Benarés eran muy conscientes de la buena calidad de las aguas subterráneas, pero no las utilizaban porque, de lo contrario, los forasteros podían pensar fácilmente que sacaban el agua del Ganges. Todo lo que se necesitó fue un turista mirando mientras uno de ellos corría hacia el río para llenar su recipiente con agua para hervir. Algunas guías incluso incluyen una advertencia en este sentido.

¿Hasta qué punto conocemos a la persona que creemos conocer? ¿Existe otra expresión como «conocer a alguien» que signifique exactamente lo contrario de lo que pretende decir? La afirmación de que conocemos a otro nunca es del todo cierta, por muy cercanas que estén dos personas. Con cada juicio precipitado, nos arriesgamos a ofender al otro. Si una relación se siente cada vez más vacía, no es porque no nos conozcamos lo suficiente, sino por nuestra creencia errónea de que realmente conocemos al otro. La mayoría de las veces, solo vemos el rumbo que toma la otra persona y no nos molestamos en averiguar de dónde saca el agua exactamente. Conocer a alguien, es decir, estar verdaderamente en contacto, es liberarse de nuestros prejuicios y bajar con él hasta el final de la escalera.

En otra ocasión, aprendí en Benarés lo poco que sabía de otra persona. Por las tardes, el *ghat* estaba siempre lleno de niños que vendían postales o farolas con flores a los turistas, y cuando me sentaba en las escaleras a escribir o a beber mi *chai*, siempre me rodeaban. Uno de estos niños se llamaba Pintu, lo que le valió el apodo de «Phetu» ('glotón') entre los demás. Tuve la impresión de que el chico era un poco lento para aprender cosas.

El cálculo le resultaba especialmente difícil y, en vista de su debilidad en las sumas y las restas, era de esperar que cuando entregara el cambio a veces el cliente y a veces él mismo pagaran de más. Por eso decidí practicar un poco con él. Podría utilizar los plátanos que había comprado en el mercado como material didáctico.

—Pintu, si te doy un plátano y luego otro y otro más. ¿Cuántos plátanos tendrás en total?

Pintu puso los ojos en blanco, contó con el pulgar de la mano derecha los dedos de la izquierda y concluyó:

—¡Cuatro!

Comencé de nuevo:

—Te doy un plátano. Después te doy otro plátano, y luego otro. ¿Cuántos plátanos tienes entonces?

Volviendo la mirada hacia arriba con tanta fuerza que no se veía mucho más que el blanco de sus ojos, contó con los dedos aún más cuidadosamente. Y concluyó:

—¡Cuatro!

No sabía muy bien qué hacer, así que le puse un plátano tras otro en la mano.

—Pintu —dije—. No pienses en comértelos ahora, por favor. Simplemente escúchame con atención. Aquí tienes un plátano. Y aquí hay otro. Ya son dos los plátanos que te he dado, ¿verdad? Ahora te doy otro. ¿Cuántos plátanos tienes en total?

Pintu se dio cuenta de que algo iba mal en sus cálculos, así que esta vez no solo puso los ojos en blanco, sino que arrugó la frente. Entonces prorrumpió titubeante:

—¡Cuatro!

Traté de que no se me notara, pero por dentro estaba molesto. Llevaba un año donando dinero para ayudar a estos niños para que fuesen a la escuela, y aquello me decepcionó enormemente. Conté uno a uno los plátanos que Pintu tenía en sus manos:

—Uno, dos, tres.

El niño debió de percibir la molestia en mi voz porque se puso a llorar. Me sentí tan mal por él que le pasé el brazo por el hombro.

—Está bien —dije—. Puedes quedarte con los plátanos. Ya practicaremos el cálculo en otro momento.

Con su manga, Pintu se limpió las lágrimas de sus mejillas. Luego, mirando hacia abajo, sacó otro plátano del bolsillo. Junto con los tres que le había dado, realmente tenía cuatro.

Me sentí como el protagonista de una poesía didáctica. «Conocer a alguien es como oír la luna a través del océano. Parece imposible, incluso mientras sucede», escribió una vez un poeta. No había hecho ningún esfuerzo por comprender realmente a este chico, y no tenía ni idea de lo que pasaba en su interior. Aun así, quise imponerle mi cálculo. ¿No era eso algo enfermizo?

La sabiduría popular tibetana aconseja no elegir como maestro a quien empieza a predicar nada más al sentarse. La instrucción impartida sin un conocimiento profundo del otro es, de hecho, una coacción con la que le hacemos daño. Que yo tenga razón no significa que el otro esté equivocado. Podemos hacer que otro florezca. Pero eso significa ayudarlo para que su flor florezca, y no para regar la nuestra. ¿Quién de nosotros era un poco lento para aprender? ¡No era Pintu, sino yo!

El monje trapense estadounidense Thomas Merton escribió en su libro *Los hombres no son islas*: «Todo el mundo es una persona independiente, porque tiene sus secretos y su soledad, sobre los que no puede hablar con los demás. Si amamos a alguien, debemos amar también lo que lo hace ser una persona independiente. A menudo arruinamos nuestra propia alma y la de otras personas. Porque nos situamos en el centro y juzgamos a los demás desde nuestra forma de vida».

Soy yo

En mis viajes por Cachemira, a menudo he visto a los lugareños, en su mayoría seguidores de alguna comunidad religiosa, sentados juntos en pequeños grupos en la calle y cantándose unos a otros. No entendía de qué trataban sus canciones, pero las voces y las melodías me llegaron tan profundamente que una vez me acerqué a un grupo de estos cantantes y me explicaron el trasfondo de sus melodías. Me dijeron que eran poemas de Lalla los que cantaban. Junto con Rumi y Kabir, Lalla, también llamada Lalleshwari o Lal Ded, está considerada la flor de la poesía en el misticismo persa-indio.

Como hija de una familia acomodada, Lalla fue educada por su padre, que pertenecía a la casta de los brahmanes. Como era costumbre en aquella época, la casaron a los doce años, hecho que cambió radicalmente su vida. Su suegra, en particular, no sentía más que desprecio por ella y la trataba con desaire. Puso una piedra en su tazón de comida para que pareciera que recibía raciones abundantes. Mientras el resto de la familia comía cordero en los días festivos, para Lalla solo había esa piedra. Se resignó a su destino y, sin rezongar, no solo lavó su tazón, sino también la piedra, y la colocó de nuevo para la siguiente comida. A su marido no le importaba todo esto.

Todos los días, al amanecer, tenía que ir a buscar agua al río y, como no estaba muy lejos, aprovechaba la ocasión para caminar hasta un monasterio y rezar allí un rato. Sin embargo, su suegra no ignoraba que pasaba fuera más tiempo del necesario, e insinuó que se veía a escondidas con un amante, sospecha con la que se apresuró inmediatamente a acudir al marido de Lalla, que la golpeó con tanta violencia que le reventó un cántaro en la cabeza. Era un día de invierno tan despiadadamente frío que el agua de su interior estaba congelada y mantenía su forma incluso cuando los fragmentos cayeron al suelo. Lalla tenía veinticuatro años cuando huyó de la casa de sus suegros y puso fin a su terrible matrimonio.

Medio desnuda y sin rumbo, vagaba de un lado a otro y, desesperada, rezaba a Dios: «Soy yo, Lalla». Estas fueron sus únicas palabras, y no fue necesario nada más. Cuando nuestra alma sufre insoportablemente, basta con decir «soy yo» a aquel que nos conoce perfectamente. Si un amigo nos llamara en una situación desesperada y dijera «soy yo», no necesitaría añadir nada más. Si no comprendiéramos el significado de estas palabras, no seríamos un verdadero amigo.

Cuando decimos a Dios «soy yo», le exponemos no solo nuestro sufrimiento y desesperación, sino nuestro ser más íntimo, toda nuestra verdad, y le revelamos nuestra voluntad. Ya no nos presentamos ante él envueltos en harapos, avergonzados o humillados, como quien ha fracasado en una prueba dura. ¡No! Con el «soy yo» nos situamos en el centro de nuestra vida y declaramos que pretendemos conducirla según nuestras propias ideas.

Lalla rezaba: «Soy yo, Lalla, quienquiera que seas. Te hablo y te tiendo la mano, ya seas Dios, una fuerza infinita o el universo entero. Has de saber que estoy aquí, en esta tierra, con los dos pies firmemente plantados en la vida. "Yo" en este caso no es el ego, sino el verdadero yo, yo misma. Ya no estoy sola, y el mundo que llevo dentro es mucho más grande que nuestro planeta». Esta creencia mantuvo a Lalla de pie mientras caminaba por su valle de lágrimas.

Cuando nuestra alma amenaza con estallar y los abismos se abren dentro de nosotros, esos son los momentos en que necesitamos oraciones. Hay muchas de ellas en las diferentes religiones, pero no conozco ninguna más verdadera y hermosa que la de Lalla. Hay en ella una afirmación incondicional de la vida, sea cual sea el sufrimiento por el que se haya pasado.

«Soy yo, Lalla».

Mírame. Nada me cubre, y por eso estoy ante ti. No llevo ni ropa ni joyas. No tengo familia ni amigos que me entiendan, pero ahora es el momento de enterrar mi dolor. No quiero que se acabe mi vida inútilmente. Ningún sufrimiento, ninguna desesperación puede destruirme. No importa cuán grande sea la dificultad, me levantaré de nuevo... hasta que en algún momento sienta que la dura prueba ha terminado. Entonces me daré cuenta de que esta vida aleatoria es un regalo.

Desnuda como está, Lalla canta:

Baila, Lalla, con tu vestido de aire.
Canta, Lalla, envuelta en el cielo.
Mira cómo brilla, este día.
¿Qué sari podría ser más hermoso,
cuál más sagrado?

¿No es cierto que en este momento no solo brilla el «día», sino el «yo»? Yo existo, ahora, en este momento, canta Lalla, que se ha despojado de toda hipocresía y falsa pretensión y queda completamente expuesta, envuelta solo en aire y cielo. «Mira cómo brilla, este día», canta, después de haber escapado del sufrimiento, y por eso dice: «Mira cómo brilla, este yo» y «¿Qué sari podría ser más hermoso?».

¡Hagamos nuestra la oración de Lalla! Revelemos nuestro interior, gritémosla en voz alta al mundo para vivir la vida que en el fondo anhelamos, para que nuestra alma nazca de nuevo.

Nuestro viaje terrenal es una búsqueda interminable de nosotros mismos. Ya sea en un autobús, en una playa, en el Himalaya, en el pensamiento o en las palabras «soy yo».

6

Presta atención a las señales que Dios te deja en el camino para que encuentres tu objetivo. Eso que buscas, en realidad te está buscando. ¿Hay bifurcaciones en el sendero por el que has pasado? Mira hacia atrás por un momento. ¿Hubo alguna señal que atrajera tu mirada, en algún callejón de algún lugar por el que pasaste? ¿O te viene a la memoria una frase de un libro que hojeaste por casualidad que quizá podría haber cambiado tu vida? ¿Recuerdas el momento en el que esa frase te llegó?

Una única frase verídica

Entre 1921 y 1926, Ernest Hemingway vivió en París. Unos treinta años más tarde, poco antes de su muerte, describió esta época en su libro póstumo *París era una fiesta*. En él narra sin consideración las pobres condiciones en las que vivió antes de alcanzar finalmente la fama mundial como escritor. Describe las preocupaciones de tener que alimentar a una familia sin ninguna moneda en el bolsillo, cuenta historias de la vida con su primera esposa y, por último, comparte anécdotas de sus encuentros con su mejor amigo, F. Scott Fitzgerald, el autor de *El gran Gatsby*.

En dicho libro también se puede leer sobre su amistad con Silvia Beach, la propietaria de la librería Shakespeare and Company, donde pidió prestados libros pero no pagó la cuota porque no tenía dinero; sobre cómo pasó toda la mañana en Les Deux Magots con un solo *café crème*, mientras los meseros limpiaban y barrían el café; sobre cómo conoció a James Joyce, el autor de *Dublineses*, el único escritor de su tiempo al que Hemingway admiraba; y sobre cómo conoció al poeta Ezra Pound, devoto del imagismo, del que Hemingway dijo que era su crítico favorito en ese momento y al que más apreciaba.

Describe cómo ahorraba dinero diciéndole a su esposa que lo invitaban a almorzar y entonces se iba a dar un paseo de dos horas por el Jardín de Luxemburgo o a visitar un museo. No pocas veces se desviaba por callejones, donde «nada comestible podía verse ni olerse» para escapar de los olores tentadores. No tenía ingresos porque había dejado el periodismo, y nadie en Estados Unidos quería comprar sus cuentos.

Sin embargo, no se avergonzaba de su pobreza. «Nunca nos consideramos pobres», escribió. «No queríamos admitirlo. Nos creíamos muy superiores; otras personas, a las que mirábamos por encima del hombro y de las que desconfiábamos con razón, querían ser ricas».

Hemingway me proporcionaba mucho consuelo y fuerza con *París era una fiesta* cuando yo, con veintiún años y en el segundo año de Literatura, escribía poemas que ni siquiera yo entendía. Cuando leí el libro, que en la traducción coreana se llama *La fiesta de una ciudad triste*, mi mohosa habitación subarrendada o la vida en la calle me empezaron a parecer de algún modo soportables. Hay libros en los que no es necesario subrayar una línea, es decir, cuando nos fundimos con el autor; cuando nos sentamos a reflexionar con él en el banco del parque y soñamos con él.

En *París era una fiesta* se dice: «Las libretas de lomo azul, los dos lápices y el sacapuntas (con una navaja se desperdiciaba demasiada madera), los tableros de mármol, el olor a mañana temprana, y a barrido y fregado, y la buena suerte era todo lo que necesitabas. Como amuleto llevabas una castaña y una pata de conejo en tu bolsillo derecho. Hacía tiempo que la pata de conejo había quedado raspada, y los huesos y tendones estaban pulidos por el desgaste. Las uñas destejían el forro del bolsillo, y así te acordabas de que allí seguía la buena suerte».

Llevar una pata de conejo como amuleto de buena suerte es una costumbre arraigada en la superstición celta y extendida desde hace tiempo en Europa y Sudamérica. Como no tenía ni castaña ni pata de conejo, coloqué un alfiler que recogí en la universidad en el forro de mi abrigo negro. Más tarde un segundo y un tercero, hasta que hubo tantos que la tela, ya de por sí frágil, pronto se desgastó. En las etapas en las que me iba especialmente mal y necesitaba aún más suerte de la habitual, me metía cualquier cosa en el bolsillo al azar: un pedazo de lápiz, una canica azul que encontraba en la calle, un botón...

Los amuletos de la suerte que llevaba conmigo eran las frases de Hemingway, que hasta hoy me sé de memoria por haberlas recitado tantas veces: «No te preocupes. Hasta ahora siempre has escrito, y ahora también podrás escribir. Lo único que tienes que hacer es escribir una frase verídica. Escribe la frase más verídica que sepas».

Cuando se atoraba con sus escritos, o cuando le preocupaba el futuro, se asomaba a la ventana de su ático y contemplaba los tejados y las chimeneas de París. Si lograba escribir una frase verídica, continuaba a partir de ahí. Eso le facilitaba las cosas, porque siempre había una frase verídica que conocía o había leído o le había oído decir a alguien. Cuando comenzó a escribir frases cuidadosamente elaboradas, descubrió que podía cortar y desechar las florituras o adornos y empezar con la primera frase enunciativa, verdadera y sencilla que había escrito.

¡Una frase verídica! Mi corazón se aceleró. Este era el amuleto que Hemingway me había dado. Han pasado más de treinta años desde entonces, pero todavía ahora empiezo a escribir con la pregunta: «¿Cuál es mi frase verídica hoy?».

Se puede pensar que Hemingway era un genio nato de la escritura, pero nunca se lo puso fácil. Tanto en sus años de juventud como en su carrera posterior, se sentaba a escribir en el mismo lugar y a la misma hora todos los días. Tenía la sensación de que iba a desperdiciar su talento tan pronto como soltara el lápiz de su mano.

«Nunca olvidaré la escritura. Yo nací para escribir, hasta ahora ha sido así, y en el futuro seguirá siendo así. No voy a entrar en lo que la gente dice de mi libro, ya sea una novela o un relato corto».

Y recuerda: «El día había empezado tan alegre... Mañana tendría que trabajar duro. El trabajo lo puede curar casi todo, creía entonces, y lo sigo creyendo hoy».

Después de su etapa en París, Hemingway escribió obras como *Fiesta*, *Adiós a las armas*, *Por quién doblan las campanas*, *El viejo y el mar* y otras que ocuparían para siempre un lugar en el altar de la literatura mundial.

Cuando Arnold Samuelson decidió convertirse en escritor se dirigió a Hemingway para pedirle consejo, y este le dijo: «Escriba. En lugar de desanimarse así. Usted es la persona entre mis conocidos que se desanima más fácilmente. Eso puede ser un signo de genialidad, pero también es una cuestión que hay que superar».

«¿Por dónde empiezas tú? ¿Cuál es el tema de tu vida?», me pregunta Hemingway, que también está a mi lado ahora. ¿Cuál es tu frase verídica? ¿Tu verdadero pensamiento? ¿El verdadero paso? ¿La verdadera canción?

El hombre que plegó el paracaídas

Todos los años hay un momento en el que un número considerable de futuros escritores vienen a pedirme consejo sobre su poesía. Para mí, es una señal de que se acerca diciembre y de que los periódicos han empezado a recibir propuestas para los concursos literarios anuales que se celebran en primavera.

En mi primer año de universidad vi por casualidad un anuncio en el edificio de un periódico de la ciudad: «Hoy finaliza el plazo para participar en el premio literario de este año». Lo vi como una señal de la divina providencia y me dirigí inmediatamente a la sección de artículos del suplemento cultural. Al parecer, todos los periodistas estaban fuera de la ciudad investigando. Solo una mujer estaba sentada en su escritorio. Le dije que quería inscribirme para participar en el concurso literario y le pedí una libreta. Me miró con desconfianza y, de mal humor, señaló con su pluma un armario en el que había un montón de libretas. ¡Podía pensar lo que quisiera de mí! Me senté en un escritorio, escribí varios de mis poemas, que me sabía de memoria, y los presenté al concurso.

El nombre que apareció en la edición de Año Nuevo del periódico bajo la foto del ganador en la categoría de poesía no era el mío. Si bien es verdad que me supuso un golpe, no fue lo suficientemente duro como para arrebatarme la confianza por completo. Aunque me había presentado de manera espontánea, fui uno de los tres finalistas, razón suficiente para prepararme tan a fondo para el concurso del año siguiente que incluso llegué a saltarme las clases. Y lo conseguí, el premio de aquel periódico.

Unos días antes de la entrega, recibí una llamada de mi hermana, que también vive en Seúl con su marido. Me dijo que nuestro padre había llegado a la ciudad por sorpresa. Fui a su casa y, efectivamente, allí estaba él, con su traje anticuado, el único que tenía. Disimuladamente, le pregunté a mi hermana si sabía el motivo de su visita, y murmuró que podría tener algo que ver con la entrega del premio. Sacudí la cabeza con decisión. Un pequeño éxito como este no era nada especial. No había necesidad de alborotar a la familia. Un acontecimiento así sería bastante embarazoso. Un poeta que está en el candelabro... ¡no puede ser eso! Yo mismo me estaba pensando si acudir a la ceremonia de premiación. Dije todo esto en un tono tan alto que mi padre hubo de oírlo en la habitación de al lado.

Como no podía dejar de asistir a la ceremonia de premiación, fui con mis compañeros de todos modos. Después del evento, los invité a todos a un bar para gastar el dinero del premio con ellos y volví a casa completamente borracho. Más tarde me enteré de que mi padre había estado esperando toda la noche mi llamada y de que se había ido a casa a la mañana siguiente. Ese mismo día, dos años más tarde, sucumbió al cáncer.

Yo estaba sentado en el Café Hakrim, cerca de la universidad, que era algo así como mi sala de estar en ese momento, cuando mi otra hermana, que vivía cerca de mis padres, me llamó a primera hora de la tarde. Me comunicó que el estado de mi padre era crítico. Tomé dinero prestado para el autobús de larga distancia que iba a la ciudad más cercana. Desde allí tuve que caminar más de tres horas hasta nuestro pueblo, porque el último autobús había salido hacía tiempo. La carretera recién transitaba discurría paralela a un río congelado que brillaba a la luz de la luna, como lo recordaba de mi infancia, y no me encontré con nadie más que las formas sombrías de la vida silvestre. Me veo paseando por este paisaje invernal como si fuera ayer.

Dicen que el río es el símbolo de la sucesión fluida de los acontecimientos de la vida, pero parte de mi vida estaba atascada y congelada en aquel momento. Cuando por fin me senté junto a la cama de mi padre, abrió los ojos, me miró y los cerró para siempre.

Después del entierro, cuando tuve que ocuparme de la herencia, me encontré una pequeña caja de madera con candado en la que él había guardado sus objetos personales. Entre otras cosas, encontré un sobre amarillento con fotos en blanco y negro. Mi padre había ido a Japón cuando tenía veinte años, y las fotos eran de esa agitada época y de los viajes que le habían llevado hasta Filipinas e Indonesia. No tenía ni idea de nada de esto, y con asombro lo vi posando junto a un grupo de mujeres de aspecto exótico en un barco. Luego se casó, fue padre varias veces y entró a servir en un campamento maderero en Hokkaido para poder alimentar a su familia. Verlo entre enormes árboles en grupo con sus compañeros me mostró una faceta suya completamente desconocida para mí.

En la caja también había un artículo de periódico cuidadosamente doblado que informaba del resultado de mi concurso literario. ¿De dónde habría sacado ese periódico? ¿Y por qué me había comportado tan mal? ¿Por qué no sabía que mi padre había viajado por el mundo de joven? ¿Que había regresado a su tierra natal con tuberculosis y que, a pesar de ello, había seguido trabajando en el campo hasta el final de su vida para mantener a su familia? Siguiendo la costumbre, mi madre quería quemar todo lo que pertenecía a mi padre, incluido su único traje con cuello estrecho, pero me lo llevé a Seúl y lo usé hasta que se deshizo.

Recientemente, un amigo de Delhi me envió la siguiente historia: durante la segunda guerra mundial, hubo un legendario comandante de la Fuerza Aérea llamado Anand. Invadió bases enemigas con sus hombres, destruyó importantes depósitos de material y disminuyó la moral de las tropas enemigas con sus acciones. Cuando su avión cayó bajo fuego enemigo escapó sin un rasguño, gracias a su paracaídas correctamente plegado. Tras concluir el servicio militar, regresó a casa.

Un día estaba sentado en un café cuando un hombre se le acercó y lo saludó a la manera militar. Anand no recordaba habérselo encontrado nunca y le preguntó si se conocían de algún lugar.

—Sí, señor comandante —dijo el hombre—. Lo conozco bien, estuve en su escuadrón. Cuando su avión fue derribado por el enemigo, logró salvarse en paracaídas. Yo fui el que plegó su paracaídas ese día y el que lo puso en su avión. Me sentí increíblemente feliz y orgulloso cuando me enteré de que había aterrizado a salvo con él.

Anand se levantó y abrazó al hombre. Con lágrimas en los ojos se lo agradeció. Gracias a su esmero seguía vivo. Si el paracaídas no se hubiera abierto, habría encontrado la muerte en ese momento.

Esa noche Anand no pudo dormir. ¿Cuántas veces se habría cruzado con él durante su servicio, cuando ambos habían estado en el mismo escuadrón? Sin embargo, no se había fijado en él, simplemente porque él era el gran comandante y el hombre, un soldado raso.

¿Cuántas veces en la vida nos fijamos en las personas que pliegan el paracaídas para nosotros? ¿Será que pasamos por alto a las personas que nos apoyan, que rezan por nosotros y que nos proporcionan todo tipo de paracaídas materiales y emocionales en cada momento importante para que podamos aterrizar con seguridad? ¿Y cuántas veces plegamos paracaídas para otros?

Yo, el original; tú, la falsificación

El azafrán se comercializa por gramos y cuesta tanto como el oro. Es probablemente la especia más cara del mundo y se elabora a partir de los estigmas rojos (o «pistilos») de las flores del azafrán que crecen en los tubérculos de la planta del croco, que se arrancan individualmente y se utilizan en su estado seco. Para obtener un gramo de azafrán se necesitan nada más y nada menos que ciento sesenta tubérculos de azafrán y unos quinientos estigmas, lo que le ha valido a la especia el nombre de «oro rojo». Cuando se secan, los estigmas parecen hilos y tienen un aroma único y un sabor inconfundible. Cultivado originariamente en los países mediterráneos y árabes, el azafrán se menciona ya en la mitología griega y ha sido apreciado en diversas culturas no solo como especia natural, sino también por sus propiedades medicinales y cosméticas, como sustancia colorante y además ha sido utilizado en ceremonias religiosas.

La palabra «azafrán» es de origen árabe. En la India, la especia se llama «*kesar*», y la última vez que estuve allí me encontré con mi amigo Kamlesh en un mercado de especias. Cuando le dije que buscaba *kesar*, me aconsejó que tuviera mucho cuidado porque había muchas falsificaciones. Cuando le pedí un vendedor de confianza, se ofreció a conseguirme un poco él mismo.

Kamlesh es corredor de seguros, por lo que conoce a todos los propietarios de todas las pequeñas empresas en un radio de diez kilómetros.

—Conozco una buena tienda —me aseguró—. Puedes confiar en esta gente. Uno de los hermanos del propietario se casó con una mujer cuyo hermano era el entrenador de mi cuñado cuando jugaba al críquet. Así que el dueño es, por así decirlo, parte de mi familia.

Aunque todo sonaba un poco complicado, gritó «¡No hay problema!» antes de ponerse en marcha a toda prisa. Esa misma tarde, tal como me había prometido, se presentó con una pequeña cantidad de *kesar* en una bolsita de plástico.

Bien es verdad que yo no tenía ni idea, pero la mercancía que me trajo era sin lugar a duda auténtica. Solo con ver la especia roja oscura, fibrosa y peculiar, me dio un vuelco el corazón. En la época grecorromana, el azafrán se utilizaba como tinte para los tejidos reservados a los miembros de la realeza. Cualquiera que fuera sorprendido haciendo falsificaciones era castigado con la muerte. Kamlesh tomó un vaso de leche y esparció unos cuantos hilos en él, e inmediatamente adquirió un hermoso tono amarillo, prueba irrefutable de que era auténtico *kesar*. Estaba encantado. ¡Pondría un poco en mi té y en mi leche todos los días!

Sin embargo, mi alegría duró poco. Al día siguiente me encontré con mi amigo Adesh en un café y le conté cómo había conseguido mi azafrán. Se molestó terriblemente. ¿Cómo podía haber sido tan ingenuo como para confiar en una tienda de especias? El *kesar* es tan caro, dijo, que todo lo que se vende en las tiendas normales es una falsificación y solo son estambres teñidos de alguna flor al azar. A veces incluso proceden de plantas que posiblemente no deberían consumirse. No detalló qué efectos secundarios cabía esperar en este caso, pero por la forma de describirlos sonaba extremadamente peligroso. Adesh prometió conseguirme *kesar* de verdad al día siguiente o en dos días. Podría tranquilamente dejar el asunto en sus manos.

Adesh pertenece a la casta de los brahmanes y tiene buenas relaciones con los sacerdotes que celebran sus ceremonias religiosas cada tarde en un templo hindú cercano, en las que no puede faltar el *kesar* como complemento. Siempre lo adquieren de un mismo proveedor en el que confían.

Mientras tanto, yo ya había visto la especia antes, así que no era un completo inexperto a la hora de juzgarla, y la mercancía que Adesh colocaba con orgullo en la mesa, envuelta en un pedazo de periódico, me parecía absolutamente auténtica. Si añadía unos hilos a la leche, esta se pintaba de un color amarillo intenso, tal y como deseaba. Me dijo que el hecho de que hubiera tardado un tiempo en surtir efecto estaba bien, porque una característica de los productos teñidos artificialmente es que liberan el tinte de forma muy rápida.

Esa noche me había invitado a cenar una familia india amiga, los Chote Lals, y llevé algo del *kesar* que había conseguido de Adesh. Pensaba espolvorear un poco sobre el *khir*, el arroz con leche que se sirve de postre, para que pudiéramos disfrutar del color y del aroma. Cuando saqué el paquete de la bolsa, la familia se horrorizó. Este *kesar* no puede ser real, se ve a simple vista. ¡No es más que papel teñido de rápida disolución! Pensaban que los comerciantes tenían complicidad con los sacerdotes y que eran en quienes menos se podía confiar.

Estaba sentado frente a mi *khir*, afligido, cuando la señora de la casa me entregó una caja de plástico transparente del tamaño de una moneda. El *kesar* del interior era bastante claro. Su hermano, me explicó, estaba haciendo el servicio militar en la frontera de Cachemira y se lo había traído desde allí. Vino directamente de uno de los granjeros locales. ¿Qué más pruebas necesitaba? Este era realmente el original.

En el verano de ese mismo año fui a Ladakh y visité el templo de Thiksey, situado a 3 500 metros sobre el nivel del mar. En la entrada me encontré con una pequeña farmacia ayurvédica que ofrecía varias hierbas medicinales. Sorprendido, vi un montón de cajitas de plástico con *kesar* sobre el escritorio del monje que estaba de guardia allí. Cuando le pregunté si era real, el hombre me miró por encima del borde de sus lentes de lectura y señaló en dirección al templo, como diciéndome que nunca se vendería una falsificación en un lugar dedicado a Buda.

Después de examinar mi cara y mi larga cabellera, empezó a enumerar los efectos positivos de la especia. Curaría la depresión, inhibiría el crecimiento de células malignas y contrarrestaría la caída del cabello. Contra la diabetes y en el contexto de las dietas funciona de maravilla. La piel oscura (señaló con el dedo mi rostro bronceado) se aclara, y tiene un efecto positivo sobre la vista (señaló mis lentes de sol) y la memoria. Sin embargo, continuó, también contiene algunas sustancias tóxicas que pueden causar mareos y náuseas si se consume en exceso. Cualquiera que supiera tanto sobre el *kesar* tenía que ser de confianza.

Me llevé los cuatro frascos que tenía, cuidadosamente envueltos, a Corea. Poco después, cuando me invitaron a cenar en casa del embajador indio, le conté lo que había vivido hasta ese momento en mi búsqueda del auténtico *kesar*. El embajador se rio alegremente y, sacudiendo la cabeza, afirmó:

—¡Los indios somos realmente imposibles!

Y sin más explicaciones trajo una pequeña caja de madera a la mesa, en cuya tapa estaba estampado un elefante. Abrió el candado de hierro, levantó la tapa y debajo, con una presentación muy decorativa, ¡*kesar* de alta calidad! Me quedé con la boca abierta.

El embajador había estado destinado en un país árabe antes de venir a Corea y había recibido este auténtico *kesar* como regalo de despedida de un miembro del gobierno. Me entregó la caja con su contenido y me dijo, en un tono que no admitía discusión, que debía tirar a la basura lo que había adquirido porque con toda seguridad eran falsificaciones. La caja tenía incluso un certificado de autenticidad.

Después de toda esta confusión y agitación, hoy estoy en posesión de un total de cinco variedades, que naturalmente pienso conservar: la primera la conseguí en la más confiable de todas las tiendas de especias, la segunda se utiliza en los templos con fines rituales, la tercera fue obtenida localmente de un granjero de Cachemira, la cuarta se la compré al monje de la antigua farmacia del monasterio y la quinta procedía de un alto funcionario árabe del país de origen del *kesar*.

Estoy muy agradecido con las personas que, como gesto de amistad, me consiguieron el «auténtico *kesar*». Pero cuando miro las latas en las que lo he guardado, cada una parece decirme que solo ella contiene el único verdadero, un fenómeno que encuentro no solo en este contexto, sino en todos los lugares del mundo. ¡Cuántas veces en la vida afirmamos que «nuestro *kesar*» es el único auténtico! La religión en la que creemos, el conocimiento que tuvimos, los valores que defendemos o el tipo de meditación que practicamos, ¿son solo ellos lo verdadero y todo lo demás falso o imitación?

¿De qué se trata cuando insisto en la autenticidad del bien que pregono? ¿Quizá no se trate del «auténtico *kesar*» en absoluto, sino de ponernos en un pedestal? ¿Queremos halagar nuestro ego con la afirmación: «Yo tengo razón y tú no»? Es muy posible que la falsificación y el original ya no estén en su estado original. Nuestro juicio subjetivo es solo nuestra perspectiva individual, y sin embargo nos empeñamos en hacer de ella la medida de todas las cosas.

¿Y si nos desprendiéramos de ello? ¿Seríamos entonces más libres? Al margen de la respuesta a esta pregunta, actualmente estoy esperando la llegada del «*kesar* entre los *kesares*» que me prometió el embajador indio.

Ninguna estrella brilla sin apagarse lentamente

Todo escritor sueña con un estudio ideal. Una habitación que solo le pertenezca a él, con la cantidad justa de luz exterior, equipada únicamente con las cosas que necesita para escribir, protegida del ruido y libre del coste del alquiler. Lo ideal sería que hubiera una pequeña zona de estar en la que se pudiera recibir a un invitado para tomar una taza de té. Y sería el paraíso en la Tierra si hubiera un pequeño jardín delante de la puerta y una montaña no muy lejana a la que se pudiera ir caminando.

He soñado con este estudio durante veinticinco años, incluso había pintado un cuadro de él y lo había colgado en mi pared. Y después de todo ese tiempo, finalmente se ha hecho realidad. Vivía de alquiler en una casa de madera de ochenta años en la que me congelaba constantemente por falta de calefacción. Por eso, en algún momento decidí comprarla y remodelarla. Esto puede sonar romántico, ¿pero me ayudó a escribir mejor? No me andaré con rodeos: no. ¡Romántico, ni hablar! ¡Qué tonto soy! Puse toda mi fortuna en una casa, solo para darme cuenta de que el entorno no influye ni en la escritura ni en la redacción. Ya sea sentado en un rincón de un café ruidoso, en la sala de espera llena en una estación de tren, en el balcón de un albergue donde los monos me vigilaban de vez en cuando: podía escribir mejor en esos lugares que en mi estudio. No importa cuándo ni dónde, solo hay que tomarse el tiempo y el espacio para escribir y declararlo zona sagrada e inviolable.

El norte de la India fue un imperio mogol islámico desde el siglo XVI hasta el XIX, y uno de los mogoles, el emperador Akbar, fue una vez a cazar al bosque. Cuando llegó la hora de la oración de la tarde, hizo desenrollar su alfombra de oración en el suelo, se sentó en ella y se puso a rezar. Entonces una mujer pasó corriendo, medio desorientada por el miedo, buscando a su marido, que había ido a buscar leña y no había vuelto a casa y ya era de noche. Y como no tenía otra cosa en mente, pisó accidentalmente el borde de la alfombra sagrada. Esto enfureció tanto al emperador que ordenó matar a la mujer en el acto.

Obligada a arrodillarse por los guardias frente al emperador, la mujer explicó:

—Mis pensamientos estaban tan centrados en mi marido que no me di cuenta de que estaba pisando su alfombra. Sin embargo, usted no estaba plenamente con Dios durante la oración, porque de lo contrario no se habría dado cuenta.

El emperador se dio cuenta de que la mujer tenía razón, y envió a sus soldados a buscar a su marido y salvarlo de las fieras, y lo encontraron.

Si no estamos satisfechos con lo que nos rodea, es hora de comprobar hasta qué punto nos apasiona lo que hacemos. ¿Están nuestra mente y nuestro cuerpo realmente en ello? ¿Escribiríamos una gran obra solo por el mero hecho de volar a una isla desierta del Pacífico Sur con el más confiable de los ayudantes para que nos aliviara de todas nuestras cargas diarias? ¡No! Viví en la isla de Jeju durante dos años y prácticamente no conseguí plasmar ninguna línea en el papel, y eso no fue casual. A cien metros de la puerta de mi casa estaba el mar, al otro lado de la bahía se alzaba la montaña nevada de Halla, por la noche los ciervos venían a visitarme... El entorno era simplemente fantástico. Pero cuando escribía, me sentaba bajo mi escritorio para hacerlo. ¿Por qué? Vivíamos en una comuna, y si alguien venía a buscarme, debía pensar que no estaba allí.

«Dedícate a una causa que te cautive por completo», aconseja un escritor anónimo. La escritora estadounidense Gertrude Stein escribía en su coche; Maya Angelou, autora de *Yo sé por qué canta el pájaro enjaulado*, alquilaba en secreto una habitación de hotel, tomaba una Biblia, un diccionario y un diccionario de sinónimos y se retiraba allí a escribir. El gran poeta turco Nâzim Hikmet escribió la mayoría de sus poemas en la cárcel.

El escritor irlandés George Bernard Shaw tenía una habitación decorada como una bodega a la que llamó «Londres». Cuando alguien lo llamaba, le decía que estaba en Londres en ese momento y que, por lo tanto, no podía reunirse con él. Virginia Woolf y Hemingway escribían de pie para no volverse perezosos; Victor Hugo, de cuya pluma salió *Los miserables*, se desnudaba y hacía que un sirviente retirara todos los objetos de la habitación excepto la pluma y el papel, para no ocuparse de otra cosa que no fuera escribir. Lo que demostraría que la habitación en sí no importa en la escritura. Lo único que importa es que tengas algo sobre lo que merezca la pena escribir y que te concentres en escribir.

Un joven monje le dijo a su abad que quería dejar el monasterio. Cuando le preguntó el motivo de su decisión, explicó:

—Los hermanos aquí son demasiado ruidosos para mí. No están interesados en la práctica de la fe; en cambio, se critican unos a otros, se enfrentan en discusiones políticas e incluso se exaltan porque la mujer equivocada ha sido elegida para el título de Miss Mundo. Algunos también son terriblemente negativos. Creo que es una pérdida de tiempo tratar de practicar mi fe aquí.

—Lo entiendo. Pero tengo una petición antes de que nos dejes —respondió el abad.

—Sí, lo que usted quiera.

—Toma un vaso, llénalo de agua hasta el borde y da tres vueltas al monasterio con él. ¿Lo harías por mí? Pero no debes derramar ni una sola gota. Entonces podrás dejar el monasterio.

El joven monje se sorprendió ante esta extraña petición, pero se dispuso a cumplirla rápidamente, así que tomó un vaso, lo llenó de agua hasta el borde y, con cuidado de no derramar ni una gota, dio tres vueltas alrededor del monasterio.

Luego volvió a dirigirse al abad:

—He hecho lo que usted me pidió que hiciera —dijo, haciendo una reverencia.

Y estaba a punto de darse la vuelta para irse, cuando este le preguntó:

—Mientras paseabas por el monasterio con el vaso, ¿acaso oíste a algún hermano criticar a otro? ¿Estaban chismorreando o discutiendo?

El joven monje respondió negativamente.

El abad asintió con satisfacción.

—¿Entiendes por qué? Porque te concentraste por completo en el vaso. Para no derramar agua, concentraste todos tus pensamientos exclusivamente en él, y ningún sonido penetró en ti. —Y continuó—: A cualquier monasterio que vayas, estarás rodeado por todas partes de chismes, discusiones y palabras negativas. Hasta que no estamos en el cielo, nadie está libre de este mundo ruidoso y secular nuestro. Si te molesta, puedes centrarte en el agua del vaso, es decir, en lo que es más valioso para ti personalmente, en practicar tu fe y tu crecimiento personal. Entonces nada podrá molestarte.

Ya sea un escritor, un monje o un luchador apasionado por cualquier causa, encontramos nuestro espacio ideal no en el mundo exterior, sino en nuestro interior. Cada uno de nosotros escribe su propia historia, y para ser justos, todos estamos sentados frente a una página en blanco. No hay ningún espacio que nos facilite o haga más agradable el viaje a nuestro interior. Solo nos tenemos a nosotros mismos, nuestra honesta voluntad y la máxima concentración en nosotros mismos y en lo que personalmente consideramos más importante. ¿Qué palabras escribe la vida, con qué colores pinta? Ninguna estrella brilla sin apagarse lentamente.

Charles Bukowski escribió en un ensayo: «Si quieres ser creativo, lo serás tanto si trabajas dieciséis horas al día en una mina de carbón como si vives de la beneficencia en una pequeña habitación con tres hijos. Si quieres ser creativo, lo serás tanto si un gato trepa por tu espalda como si toda la ciudad tiembla debido a un terremoto, un bombardeo, una inundación o un incendio. El aire o la luz y el tiempo o el espacio no tienen nada que ver con el trabajo creativo. Así que déjate de excusas. A no ser que tengas una vida particularmente larga de manera que puedas encontrar una nueva excusa».

Si esperas el entorno ideal para empezar a crear, nunca crearás nada. De hecho estoy escribiendo estas líneas en el primer piso de un café que está a la vuelta de la esquina, mientras decenas de clientes suben y bajan las escaleras. Así que he vuelto a mi tierra natal. Dos personas ya se han acercado a mi mesa para saludarme, pero he fingido que no estaba allí.

—¿Shiva Ryu? —he preguntado, sacudiendo la cabeza—. Está en la India ahora mismo.

Lo que buscas, en realidad, te está buscando a ti

El traductor que traduce mis poemas al inglés y al polaco terminó una de sus cartas con un pareado de Mirza Ghalib, un poeta de Delhi del siglo XIX. Lo conocía, pero era la primera vez que leía el verso.

Mi poema no es música ni instrumento musical
Mi poema es el sonido de mi yo que se derrumba

Estas líneas me llegaron al corazón. Un poema puede ser una oda a la esperanza y a la alegría, pero también puede captar el sonido de alguien cuyo corazón se rompe o que es sacudido hasta lo más profundo de su ser. Cuanto más fuerte sea, más resplandecerá en el corazón del lector. Ghalib fue el último poeta del Imperio mogol de la India y todavía se le considera el exponente más destacado de la poesía publicada en urdu, la lengua en la que escribió la mayor parte de sus versos.

Casi había olvidado a Mirza Ghalib y sus dos líneas cuando, al hojear las postales que había traído de la India, cayó en mis manos una que me lo recordó de nuevo. Mostraba un techo abovedado decorado con ornamentos arabescos, sobre el que revoloteaban un grupo de palomas. Debajo había otro verso de Mirza Ghalib. La había comprado porque me había impresionado el edificio de mármol con sus decoraciones en las paredes de color turquesa, pero ya no recuerdo cuándo fue exactamente, y también leí el poema por primera vez:

En todo estás tú
Pero nada es como tú

Cuando estamos enamorados, todas las cosas, los paisajes y todo lo que vemos nos recuerdan a la persona amada. Cómo se mecen las ramas de un árbol con la brisa, el aroma del viento, incluso las estrellas, cómo se desvanecen y desaparecen lentamente al amanecer. Pero ¿podría algo de esto llenar el vacío dentro de nosotros cuando el otro no está? Nada ni nadie puede llenar la ausencia del ser querido. No, nada en el mundo puede reemplazarlo para nosotros. Lo mismo ocurre con Dios.

Unos días después, mientras hojeaba el *Shambhala Sun*, volví a encontrar un poema de Ghalib:

Deja que los pájaros se eleven en el aire
Tu pájaro volverá a ti

¿Por qué queremos detener algo? Dejemos que lo que quiera irse se vaya, y dejemos que termine lo que quiera terminar. Lo que realmente nos pertenece acabará volviendo a nosotros. El sufrimiento no lo causan los que nos abandonan, sino que surge en nuestra cabeza, se aferra a lo que debería soltar.

Siguiendo la tradición de la casta superior, Mirza Ghalib se casó a los trece años y a los treinta ya era padre de siete hijos, pero ninguno de los siete vivió más de unos pocos años. Varios de sus poemas contienen alusiones a este sufrimiento. En una de sus muchas cartas confesó que su primera prisión era la vida y la segunda el matrimonio.

Era como si alguien estuviera esparciendo a propósito señales en mi camino para recordarme a Ghalib. En un día de verano muy caluroso, caminaba por los laberínticos callejones de la Vieja Delhi cuando un hombre de mediana edad me detuvo. «¿Ghalib Habelli?», preguntó, señalando un estrecho callejón. Parecía pensar que yo era un extranjero que buscaba esta dirección, aunque no había preguntado nada al respecto.

Entré en el callejón y vi a un anciano, que por su aspecto parecía un mendigo, de pie frente a un edificio igualmente envejecido. En la pared del edificio aparecía escrito «Ghalib Habelli». El anciano vino hacia mí con los brazos extendidos para darme la bienvenida y se puso a cantar por una limosna. Escuché atentamente su canción e hice que un transeúnte me explicara la letra:

No intente leer la mano
Incluso un hombre sin mano encontrará su destino

Resultó que aquella era la casa de Ghalib, donde vivía, donde escribía sus poesías y, al final, donde falleció en un cuarto con una pequeña ventana. En las paredes colgaban poemas, y en las habitaciones se exponía su patrimonio y un grueso libro de poemas escrito a mano. Ghalib había estado al servicio del emperador mogol como poeta de la corte, pero había acabado en el calabozo por un delito de lesa majestad.

La alegría de la gota de agua se pierde en el mar
Un sufrimiento se convierte en un remedio, apenas se
[trasciende a sí mismo

Era la primera vez que visitaba «Ghalib Habelli», la casa de Ghalib, aunque ya había estado varias veces en la Vieja Delhi. Me pregunté por qué no había sabido antes de su existencia. Hay señales, siempre han estado ahí, pero no las reconocemos y pasamos de largo. Sin embargo, al final las descubrimos y entonces les prestamos atención con sorpresa.

Si las coincidencias se repiten, se convierten en destino. El intérprete de sitar indio y cantante sufí Shujaat Khan me puso en la mano un CD con una de sus canciones y me pidió que lo escuchara. Se trataba de una versión musical de un poema de Ghalib:

Vale la pena morir por mil deseos
He satisfecho muchos, pero quedan muchos más

Hoy en día, estudiosos de todo el mundo discuten sobre la interpretación de los poemas de Ghalib, y muchos de ellos han sido musicalizados. Sin embargo, durante su vida, pocos se interesaron por él y entendieron lo que hacía. A menudo fue criticado e incomprendido, y sus poemas expresan su frustración al respecto:

Dios, la gente no entiende mis palabras y nunca las entenderá
Dales otro corazón, o déjame hablar de otra manera

Dondequiera que fuera, hiciera lo que hiciera, me encontraba con los poemas de Mirza Ghalib en los libros, en las conversaciones, en la pared de una posada y en las canciones de cantantes como Nusrat Fateh Ali Khan y Jagjit Singh. El hotel en el que me alojé en Calcuta estaba en Mirza Ghalib Road, llamada así en honor al poeta después de que este viajara a la ciudad a sus treinta años y la elogiara como «un lugar como el cielo».

Mientras exploraba los alrededores, descubrí una librería llamada Oxford que tenía una selección de libros de poesía de Ghalib en una estantería. Sin buscarlo conscientemente, girara hacia donde girara, en todas partes me encontraba con Mirza Ghalib. La primera vez que puse mi atención en él, surgió una vibración que atrajo a su vez más vibraciones, y no dejaron de aparecer más signos o señales hasta que el mensaje fue tan claro que no pude ignorarlo. Decidí recopilar los poemas de Mirza Ghalib, traducirlos al coreano y publicarlos en un volumen.

En la novela *El Alquimista*, de Paulo Coelho, Santiago, un pastor, parte en busca de un tesoro con el que no deja de soñar. También él encuentra constantemente la palabra «señal».

El viejo rey le aconseja: «Busca siempre las señales». Le dice que están en todas partes y que le mostrarán el camino. «Para llegar allí, deberás seguir las señales. Dios marca el camino que debe seguir cada hombre. Así que solo tienes que reconocer lo que Él escribió para ti».

Una de mis conocidas también hizo caso a las señales que le lanzaban constantemente: un gorro tejido con lana de alpaca, un grupo de indios bailando en una feria callejera, un documental en la televisión, una descripción de un viaje y muchas otras cosas y experiencias que parecían apuntar en la misma dirección. Finalmente, dejó su trabajo, voló a Perú y vivió allí durante cuatro años. Cuando la vi después de su regreso a Corea se había convertido en una peruana. Irradiaba algo refrescantemente indomable, como si hubiera descubierto la vida que siempre había deseado. Hasta el día de hoy, se guía en la senda de su vida por las señales que Dios pone en su camino.

Para mí, estos signos o señales son un «secreto a voces», porque son evidentes, pero solo para aquellos que están dispuestos a verlos. Para todos los demás, permanecen ocultos. Esta es la manera que tiene Dios de enviarnos mensajes. No los esconde. Simplemente no nos damos cuenta porque estamos distraídos con miles de cosas sin importancia.

Nos volveremos a encontrar el último día de todos,
dijiste cuando me dejaste
Como si el último de todos los días fuera un día más,
qué broma más cruel

¿Acaso el día en que mi ser querido me deja no es el último de todos los días?

No solo en la traducción de los poemas de Mirza Ghalib me he guiado por las señales. Les debo los logros más importantes de mi vida. Siempre que les he prestado atención, he confiado en ellas y las he seguido, algo bueno ha salido de ello, aunque no necesariamente en un sentido terrenal concreto: los proyectos que se originaban en mi cabeza resultaban ser la mayoría de las veces difíciles. Los realmente grandes empezaron todos sin la ayuda de mi voluntad o de un plan consciente.

Rumi escribió: «Déjate arrastrar silenciosamente por la atracción más fuerte de lo que realmente amas. No perderás el camino».

Presta atención a las señales que Dios deja en el camino para que encuentres tu destino, por muy sinuoso que sea el sendero. Aunque a veces parezca que su curso está determinado únicamente por los árboles en los que están escritas las señales, no te perderás. En las cosas cotidianas, en nuestras conversaciones con los demás, e incluso por la noche en los sueños, las señales y los signos están por todas partes, aunque no siempre los veamos.

¿Hay bifurcaciones en el camino por donde has pasado? Entonces siéntate debajo de un árbol en un lugar tranquilo del bosque, cierra los ojos y mira hacia atrás por un momento. ¿Hubo alguna señal que atrajo tu mirada, en algún callejón de algún lugar por el que pasaste? ¿Te viene a la memoria una frase de un libro que hojeaste por casualidad, una frase que podría haber cambiado tu vida? ¿Recuerdas el momento en el que te llegó esa frase?

Las flores me enseñan a disfrutar
de lo que vale la pena ver en el mundo
Solo con los ojos abiertos puedo ver todos los colores

Ver las señales en lo cotidiano, eso es espiritualidad. Nos golpean como un rayo. Si estamos abiertos a ellas, se nos abre un nuevo destino. Mirza Ghalib escribió: «Que me alcance este rayo».

EPÍLOGO

Un regalo del cielo

Un comerciante iraní estaba planeando un largo viaje de negocios a la India, y como era un hombre generoso, prometió a su familia y a todos sus empleados llevarles muchos regalos. Todo lo que tenían que hacer era expresar sus deseos. La lista era interminable: ropa, especias, joyas... En su tienda, el hombre tenía un magnífico loro que hablaba con fluidez. Y como cantaba tan bien y era tan inteligente y conversaba con los clientes, dio un buen impulso a las ventas.

El pájaro no quería regalos, pero sí tenía una petición: «Cuando estés en la India, ve a este bosque de rosas en particular. Yo vivía allí antes de quedar atrapado en la red de un comerciante de aves y de que me trajesen aquí. Di a mis amigos, a los que encontrarás allí, que ahora vivo en una gran ciudad, en una espléndida jaula de pájaros, y que mi dueño me ama por encima de todas las cosas. Cuéntales que entretengo a la gente con mi canto y que disfruto de una comida deliciosa; lo único que no puedo hacer es volar adonde quiera. ¡Cómo me gustaría ser libre en el bosque de rosas! Pero no puedo, porque estoy en una jaula aquí. Por eso, diles que piensen en mí mientras se deslizan por las frondosas y verdes copas de los árboles y respiran el maravilloso aroma de las flores».

El comerciante escuchó atentamente al pájaro y prometió transmitir su mensaje.

Un mes más tarde, después de hacer sus negocios y conseguir todos los regalos para su familia y empleados, el comerciante se dirigió al bosque de rosas del que le había hablado su loro. Efectivamente, allí vivía una bandada de loros que eran exactamente iguales al que tenía en su tienda. Cuando les transmitió su mensaje, uno de los pájaros gritó, con todo el cuerpo temblando, cayó al suelo y murió.

El comerciante sospechó, naturalmente, que no había sido capaz de superar la conmoción de la triste noticia de su amigo. Al volver, le contó a su loro lo que había ocurrido en el bosque de rosas. En ese momento, el loro gritó, con todo el cuerpo temblando, dejó caer la cabeza y murió.

La muerte de su querido loro pesaba enormemente en la mente del comerciante. Pensaba que todo había sido culpa suya. Al fin y al cabo, era él quien había traído las malas noticias. Con el corazón encogido, llevó la jaula al jardín de detrás de la casa, cavó un agujero y depositó en él al pájaro inmóvil. Pero en ese mismo instante el loro se elevó en el aire y se posó en la rama más alta de un árbol.

—¿Cómo es posible? ¿¡Estabas muerto!? —exclamó el comerciante asustado.

Entonces el loro le respondió:

—Mi amigo de la India me ha mostrado el camino de la libertad. «Puedes seguir cantando y hablando con tanta grandilocuencia y complacer a la gente con ello», dijo. «¡Pero te encierran en una jaula! Las palabras de cariño de tu dueño y la deliciosa comida son en realidad tus grilletes. Renuncia a ello y serás libre».

El comerciante asintió:

—Dios te bendiga. Vuela en paz adonde quieras. También me has mostrado hacia dónde debo partir, y para ese glorioso viaje me prepararé ahora.

¿También nos sentamos perezosa y cómodamente en la jaula de los pájaros, de modo que hemos olvidado el cielo azul? ¿Hemos volado en realidad alguna vez libremente?

Cada vez que termino una de mis obras, me voy de viaje, como el comerciante, para preparar el siguiente libro. Esta vez me voy de nuevo a la India. Dime qué te gustaría que te trajera de allí y lo haré.

De este libro me quedo con...